物流金融创新服务
吉林省粮食工业的研究

宫　超◎著

吉林出版集团股份有限公司

图书在版编目（CIP）数据

物流金融创新服务吉林省粮食工业的研究 / 宫超著.
-- 长春：吉林出版集团股份有限公司，2022.10
ISBN 978-7-5731-2362-6

Ⅰ.①物… Ⅱ.①宫… Ⅲ.①物流 – 金融业务 – 作用
– 粮食工业 – 产业发展 – 研究 – 吉林 Ⅳ.①F326.11

中国版本图书馆CIP数据核字（2022）第186617号

物流金融创新服务吉林省粮食工业的研究

WULIU JINRONG CHUANGXIN FUWU JILINSHENG LIANGSHI GONGYE DE YANJIU

著　　者　宫　超
出 版 人　吴　强
责任编辑　孙　璐
装帧设计　清　风
开　　本　710mm×1000mm　1/16
印　　张　6.25
字　　数　97千字
版　　次　2022年10月第1版
印　　次　2022年10月第1次印刷

出　　版　吉林出版集团股份有限公司
发　　行　吉林音像出版社有限责任公司
　　　　　（吉林省长春市南关区福祉大路5788号）

电　　话　0431-81629667
印　　刷　三河市嵩川印刷有限公司

ISBN 978-7-5731-2362-6　　　　　定　　价　56.00元

如发现印装质量问题，影响阅读，请与出版社联系调换。

目　　录

第一章　物流金融的兴起

第一节　物流金融起源

广义上的物流金融是指面向物流运营的全过程，应用各种金融产品，实施物流、资金流、信息流的有效整合，组织和调节供应链运作过程中货币资金的运动，从而提高资金运行效率的一系列经营活动。狭义上的物流金融是指物流企业在物流业务过程中利用贷款、承兑汇票等多种信用工具，为生产商及其下游经销商、上游供应商和最终客户提供集融资、结算、资金汇划、信息查询等为一体的金融产品和服务。这类服务往往需要银行的参与，最终使供应商、生产商、销售商、银行各方都能受益，使资金流在整个供应链中快速有效运转。

在以往的历史中，物流金融在全球化的市场中受到关注的原因主要有两个：一是企业降低成本的压力与全球原材料、能源和人力资源成本不断提高之间的矛盾，核心企业仅仅关注外包和外采的区域选择，已不足以应对竞争的挑战。二是降低成本的需求引发了核心企业对上游企业延长账期、对下游企业压货的冲动，这些策略的有效实施必须以不提高上下游成本为基础，因此，有计划的物流金融策略成为一种选择。

一、多角度观察的物流金融

财务供应链的管理或物流金融固然可以由资金实力雄厚的核心企业来提供，比如向供应商实施的提前付款计划、增加对分销商赊销，等等。但是在大部分情况下，这种解决方案并不可行。原因在于：第一，核心企业虽然实际上替代了银行的作用，但其专业性和效率值得怀疑。更重要的是，核心企业承担了上下游的信用风险。第二，现实中，股东和投资人对核心企业财务稳健的要求，以及核心企业本身面临的资金压力，使得核心企业的财务改善冲动恰恰是向上游延长账期和缩短对下游的账期，而不是相反。

在这种背景下，物流金融解决方案的主要当事方除了供应链的核心企业外，银行等金融机构几乎是不可或缺的。银行的基本作用是资金的提供者，除此之外，银行还可以为供应链财务管理设计和实施提供解决方案。在国际性银行物流金融的实践中，解决方案的中间商很多情况下是电子交易网络化平台的提供商，这种平台为银行设置了触发贷款交易，以互联网科技为基础的实时控制，并引导供应链成员企业按照电子平台所规定的路径进行交易结算，以保证银行贷款的自偿性。因此，对于物流金融可以有三种不同的理解，它们分别来自供应链核心企业的视角、"互联网+"科技金融的视角，以及银行的视角。

供应链核心企业的视角观察物流金融，是一种在核心企业主导的企业生态圈中，对资金的可得性和成本进行系统性优化的过程。这种优化主要是通过对供应链内的信息流进行归集、整合和利用的过程中，嵌入成本分析、成本管理和各类融资手段而实现的。"互联网+"科技金融的视角则是物流金融的核心，即关注嵌入供应链的融资和结算成本，并构造出对供应链成本流程的优化方案。而供应链融资的解决方案，是由提供贸易融资的金融机构、核心企业自身，以及将贸易双方和金融机构之间的信用、有效连接的技术平台提供商组合而成。技术平台的作用是实时提供供应链活动中能够触发互联网科技为基础的实时控制，如订单的签发、按进度的阶段性付款、供应商管理库存的入库、存货变动、指定货代收据的传递、买方确认发票项下的付款责任等。银行的视角则是从银行的角度论述物流金融的多种说法。例如，从银行业务拓展方式的角度，认为物流金融是指银行通过审查整条供应链，基于对供应链管理程度和核心企业信用实力的掌握，对其核心企业和上下游多个企业提供灵活运用的金融产品和服务的一种融资模式；从供应链融资的功能角度，认为物流金融就是要将资金流整合到供应链管理中来，既为供应链各个环节的企业提供商业贸易资金服务，又为供应链弱势企业提供新型信贷融资服务的服务产品创新模式；从融资的功能指向角度，认为供应链融资是通过对供应链成员间的物流、资金流、信息流的有效整合，运用各种金融产品向供应链中所有企业（尤其是中小企业）提供的组织和调节供应链运作过程中货币资金的运作，从而提高资金运行效率的一种新型融资模式等。

综上，市场里的金融机构从其业务实践出发，提供了自己对物流金融的理解。物流金融是指在对供应链内部的交易结构进行分析的基础上，运用自偿性贸易融资的信贷模型，并引入核心企业、物流监管公司、资金流导引工具等新的风险控制变量，对供应链的不同节点提供封闭的授信支持及其他结算、理财等综合金融服务。需要说明的是，这里的"供应链"概念是广义的，既包括企业上游的原材料零部件供应网络和链条，即传统意义上的供应链，也包括下游的经销商、代理商，即渠道链。

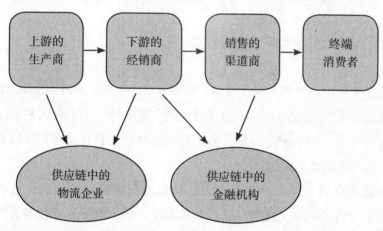

从银行的角度看，物流金融与传统银行融资的区别主要有三个方面：首先，对供应链成员的信贷准入评估不是孤立的。银行首先评估核心企业的财务实力和行业地位，以及它对整条供应链的管理效率。如果条件满足，而且证明整条供应链联系足够紧密，银行将为成员提供融资安排，并且不需对成员的财务状况做特别的评估。对成员融资准入评价的重点在于整条供应链的重要性、地位，以及与核心企业既往的交易历史。其次，对于成员的融资严格限定于其与核心企业之间的贸易背景，严格控制资金的挪用，并且以针对性的技术措施引入核心企业的资信，作为控制授信风险的辅助手段。最后，供应链融资中的物流金融还强调授信还款来源的自偿性，即引导销售收入直接用于偿还授信。

物流金融是将供应链中的物流企业与供应链中的金融机构相结合的复合创新业务，它不仅能提升供应链中物流企业的业务能力及效益，还能为企业融资及提升资本运用的效率。对供应链中的金融机构开展业务来说，物流金融的功能是帮助金融机构扩大贷款规模，降低信贷风险，在业务扩展服务上能协助金融机构处置部分不良资产，有效管理各种关系，提升质押物评估、企业理财等顾问服务项目。从企业行业研究出发，可以看到物流金融发展兴起于"以物融资"业务活动。物流金融服务是伴随着现代化生产中全供应链参与的物流企业而生，实现科技服务金融业务、金融延伸物流业务。多角度审视下的复合业务区域复杂交汇，除了要提供现代物流服务外，还要与金融机构合作，共同提供部分金融服务。

二、物流金融的两个重要理论

物流金融由两个重要理论组成，分别为供应链理论和金融仓储理论。

供应链是围绕核心企业，通过对物流、资金流、信息流的控制，从采购原材料开始，制成产品，最后由销售网络把产品销售给用户，以连成一个整体的功能网链结构模式。

金融供应链管理，从广义上讲，就是面向供应链运作的全过程，应用各种集成式的产品与服务，通过信息共享、协调和组织合作等方法集成物流、资金流、信息流，从而达到降低资金运作成本并为供应链创造价值的管理系统。从狭义上讲，金融供应链管理就是金融机构、第三方物流企业、软件提供商在供应链运作的过程中向客户提供的支付结算、融资和技术解决方案等服务。

供应链理论改变了传统的金融机构授信模式。传统的金融授信，是一对一的模式。现代商业中，这种相对原始的筹资—融资模式已不能满足整个生产供应的资金缺口。供应链金融模式是对整个上、中、下游企业的融资授信，把传统意义上的供应商、加工商、代理商、销售商乃至产品的购买者整合一体。对企业在采购、加工、运营、销售、后续服务等多方面提供融资。这种一对多的授信模式是对整个生产环节的再造，进而细分市场，提供金融支持。

众所周知，金融是指人们围绕货币、资金和资本资产所从事的定价与市场交易活动。完整的金融体系包括金融产品、金融市场、金融主体和金融制度。对于物流金融而言，这几个要素有其特殊之处。

宏观上来说，物流金融是对供应链当中金融资源的整合，它是由供应链结合特定的金融组织者为供应链资金流管理提供的一整套解决方案。静态层上，它包含了供应链中参与方之间的各种错综复杂的资金关系。这里更多的讨论集中在物流金融在全供应链中的动态层次，即由特定的金融机构或其他供应链管理的参与者（如第三方物流企业、核心企业）充当组织者，为特定供应链的特定环节或全链条提供定制化的财务管理解决服务。物流金融服务通过整合物流、资金流、信息流等资源，达到提高资金使用效率并为各方创造价值、降低风险的目的。

从物流金融具体产品来看，它主要是金融机构提供的信贷类产品。既包括对供应商的信贷产品，如存货质押贷款、应收账款质押贷款、保理等，也包括对分销商的信贷产品，如仓单融资、原材料质押融资、预付款融资等。除了资金的融通，金融机构还提供财务管理咨询、现金管理、应收账款清收、结算、资信调查等中间增值服务，以及直接对核心企业的系列资产、负债和中间业务提供服务。因此，供应链金融的范畴大，囊括了供应链融资或供应链授信。

从供应链融资市场来看，它基本上属于短期的货币（资金）市场，尽管在供应链中物流金融有着特殊的风险控制技术、自成体系的产品系列以及特别的盈利模式，但是从融资用途和期限的角度看，基本上可以归入广义的短期流动资金授信范畴。从参与供应链中物流金融体系的参与主体来看，它大致包括以下四类主体：第一类，资金的需求主体，即供应链上的节点企业；第二类，资金的供给及支付结算服务的提供主体，主要是商业银行为代表的金融机构；第三类，物流金融业务的支持型机构，包括物流监管公司、仓储公司、担保物权登记机构、保险公司，等等；第四类，监管机构，在国内，目前主要是指各级银保监部门。

从物流金融制度环境来看，它涉及两方面的内容：一是相关法律法规，如《民商法》中动产或不动产担保物权的范围规定、设定程序、受偿的优先顺序、物权实现等相关法律，以及监管部门的业务监管相关制度；二是技术环境，主要包括与产品设计相关的金融技术和信息技术。以上要素结合在一起，便组成了一个完整的生产、销售全供应链生态中的物流金融体系。

美国1916年颁布了《美国仓库存贮法案》，在法律上为标准化仓单提供了支持，建立了早期的金融业务与仓储业务的合作市场，大大提高了仓储存货的流动性。北美的金融仓储业务主要针对农产品而产生，发展到20世纪70年代，随着信息通信技术的发展，现代物流行业、金融业、农产品加工的交叉合作越来越密切。加拿大与美国作为世界粮食的主产区之一，能够实行信息化、集成化的大规模粮食收储、农产品深加工、新农业能源资源开发，可见，金融仓储业务的开展功不可没。

与此类似，早在1905年的俄国，就出现了货物质押贷款业务。农民在丰收季节市场价格低时，将大部分谷物抵押给银行，用银行贷款资金投入后续的生产和生活；待市场价格回升后，再卖出谷物归还银行本金利息。由此，农民可以获得比收割季节直接卖出谷物更高的利润。这种操作还为缓和农产品市场价格的波动起到了一定作用。然而，现代意义上的金融仓储概念，发端于20世纪80年代，深层次的原因在于世界级企业巨头寻求成本最小化冲动下的全球性外采和业务外包，供应链当中商品仓储的金融概念应运而生。此后，商品仓储与金融产品的结合一直集中于物流和信息流层面。直到20世纪末，企业家和学者们才发现，离岸外包活动导致的供应链整体融资成本问题，以及部分节点资金流瓶颈带来的"木桶短板"效应，实际上部分抵消了生产"成本洼地"配置所带来的最终成本节约。由此，财务供应链管理的价值发现过程开始深化，商品仓储金融属性的概念浮出水面。

近年来，我国金融仓储业务不断提高，模式日益多样化，作为质押物的商品数量持续增加。早期主要包括有色金属、建筑材料、汽车配件等。这些主要是质量标准平稳、市场价格稳定、流通周转快速的工业产品。近年来，逐步发展为农产品、畜牧业、林业、食品等新的领域，其中对粮食的收储业务不再局限在传统模式的保存、代加工阶段，而越来越与金融机构合作开发新业务。随着我国政策性金融支持机构的建立，针对粮食的金融仓储业务开展得越来越广泛，在吉林省、安徽省、黑龙江省等粮食主产区应用较多。

物流金融是在供应链运营的整体过程中，应用金融创新服务，实施物流、资金流、信息流的有效整合，组织和调节供应链运作过程中货币资金的运动，从而提高资金运行效率的一系列经营活动。其中金融仓储是这一创新的重要理论。金融仓储是金融机构与供应链中仓储企业协作产生的金融创新，主要以仓储物资或仓单等担保品为依托，针对仓储运营过程中的客户，尤其是中小企业提供的融资及配套结算、保险等服务的业务。

金融仓储的核心业务是动产质押和仓单质押。本质上，金融仓储开出的仓单就是广义上的有价证券（商品证券）。金融仓储业务为商品生产者和经销商在销售环节中提供了有效的融资手段。

我国粮食主销区位于珠三角地区，粮食产量远不能满足需求。吉林省是我国粮食主产区，供给大于粮食产量。目前粮食主销区的企业原材料采购主要采用“集团+区域中心”的集中采购模式。吉林省可依托金融机构，围绕主销区供应链，利用原材料采购模式及布局，搭建吉林省优质粮食收储企业代收代储与粮食主销区调入粮食加工的新模式，为粮食收储企业搭建金融仓储合作平台。

立足“南北协作”有效模式，防控市场风险。“南北协作”模式将南方大型加工企业原材料收储需求、北方粮食购销企业资源优势以及金融机构资金优势有机结合，实现多方共赢。从南方加工企业角度，通过与吉林省内优质粮食收储企业合作，获得稳定的原材料储备，既保证大宗粮食的规模采购优势，又获得区域性采购快速应变的本土化优势。从吉林省角度，在粮食市场价格波动较大的行情下，与南方企业签订代储协议，能够提前锁定利润，规避市场风险，降低企业经营不确定性。这种合作为今后双方的业务发展打下了坚实的基础。吉林省粮食企业能够以丰富的收储经验和诚信服务成为南方加工企业长期稳定的合作对象，提高企业的信誉度和竞争力。从金融机构角度，通过与南方大型加工企业的合作，进一步提高吉林省优质收储企业的经营能力、市场竞争力和抗风险能力,确保金融机构信贷资金安全,同时进一步深化供应链模式研究与推广。

该模式通过金融机构积极复制推广该类业务,支持本地粮食企业为南方大型加工企业代收代储,解决南方部分省份粮源不足,以及省内企业仓储容量闲置问题,推动南北资源、要素优势互补,畅通粮食国内大循环。

物流金融创新服务业务纳入整体供应链金融模式,全力做好供应链金融创新模式落地。随着市场化改革的深入,粮食产业逐步形成了分工明确的上下游供应链。粮食深加工企业随着生产规模的扩大,出现加工能力与自身收储能力不匹配的情况,通过与上游经销商合作,补足原料缺口。金融机构围绕大型加工企业及其上游建立供应链,建立围绕深加工企业原粮供应的"多点储存"模式,支持上游经销商与深加工企业达成定向销售合作,由深加工企业提供一定比例合同定金,参与收购并承担贷款利息。

金融机构与省内粮食深加工企业、地方粮食局达成"多点储存"模式业务合作,支持县域地区国有粮食企业与粮食深加工企业签订定向销售合同,其以合同定金参与收购,承担县域粮食企业的融资成本。此模式下,大型粮食深加工企业通过与地方粮食局、金融机构的合作,能够保障上游企业收购资金充足且库存安全,降低合同违约概率,有效防范市场风险。

"多点储存"模式实现三方共赢。从深加工企业角度,解决自身仓储能力不足的问题,取得稳定的淡季原料储备;从县域国有企业角度,有效发挥粮食收储的专业优势,提前锁定经营利润,解决市场化改革后地方国有粮食企业"吃不饱"的问题;从金融机构角度,通过支持大型深加工企业供应链的上游,确保粮食库存销路稳定,使还款来源有保障,同时在地方粮食局的协助下,进一步加强粮食库存监管,保证信贷资金安全。

金融机构积极复制推广该类业务,可使其围绕粮食供应链做业务,为大型粮食深加工企业与地方国有粮食企业建立供应链合作关系,保障加工企业淡季粮源储备,通过事先签订销售合同的方式,锁定销售渠道和利润,支持地方国有粮食企业发展与改革。同时,以供应链为纽带,金融机构的监管视野从贷款企业延伸至其下游客户,有效提升信贷监管质量。

三、金融产品的创新对农村与农业的变化

新的金融模式出现，必然会对旧有的农村生产劳动和旧的农业模式产生变化。回顾旧的农村与农业金融并吸取一些经验教训，非常有实际意义。事实上，新兴的模式，不管是现代农村金融模式还是农产品供应链当中的金融模式，都源于旧有模式的经验教训。它们吸取广大开展农村农业业务生产的中小企业和小微金融机构的最佳实践经验，利用环境上已经发生的所有变化，避免了过去的失误。

在农村的劳动生产和农业的整体发展当中，金融创新的市场化改革过程，事实上是一种对金融制度的逐渐放松，以及新的金融制度和物流制度的管制放松。良好的金融创新市场化，必然能够解决旧的农村生产当中在农业与现代商业夹缝中的新兴模式的兴起。通过公平、公正、公开的金融市场准入和退出机制，充分利用在农村、农业生产当中物流企业与小微金融机构发挥的作用，能使操作手段的市场化和整条供应链当中机构运作的市场化得到充分发展。

在吉林省相对经济落后地区，很多农民进行着自给自足的农耕活动。当更多农民把粮食作物进行市场出售的时候，他们属于以利润为导向的创业者。自给自足的农民转变为商业型农民是存在一定可能性的。这些商业型农民只有在预期能够获得足够收入的时候，才会从事生产。通常，大多数粮食作物的价格水平无法确定；个体农民无法控制价格，并且价格的不确定性会影响农民做出种植什么作物的生产决定。同样的土地产出水平也不能由农民完全控制，因为农业产业还存在一定的外部风险，诸如天气、虫害等，尽管农民也可以使用一些方法将这些风险降低到一定程度。

从农田到市场的运输成本可以进行较为清晰的评估，并且可以确切地在农民的决定中得以反映。运输成本的波动性通常不会那么大，尽管汽柴油价格的变化（在使用机动车进行运输的情况下）以及路况的突发性恶化（比如下雨或者山体滑坡）也会影响运输成本。在确定市场价格水平和农民生产成本的情况下，运输成本是农民收入的决定性（并且是可变的）因素。物流金融正是在全部粮食以及农产品的供应链体系当中，充分发挥了

物流企业的特征，起到了道路连接交通状况的改善作用，对农村农业作物的生产起到了正面的影响。

有学者通过计量经济学研究了吉林省12个粮食产量县域，发现在近20年的公路基础建设村村通过程当中，由于交通的便利性，物流业参与到农业粮食生产当中，逐步增强了市场连接与县域之间的沟通便捷程度，对于粮食产量有着极高的提升作用。在距50万人口（吉林省梨树县）的城市、4个小时车程之内的区域，粮食总产量占潜在生产量的比重约为47%；而在距100万人口（吉林省公主岭市）的城市、8个小时以上车程的区域，粮食总产量占潜在生产量的比重仅为14%。

还有一项计量经济学分析，研究了黑龙江、吉林、辽宁道路连接在农村粮食生产当中，需要关注的生产资料和其他要素的使用中发现了粮食产出量以及其他经济农作物的收入，对于农民的经济来源起到了负面影响。也就是说，当整体物流成本较高，公路运输相对较远时，利用物流金融业务的物流便捷性、金融功能的资金扶持性，可以对农村的农业作物生长效率以及农民的收入水平负面影响起到对冲作用。

通过手机连接银行账户，往手机用户的账户里面存钱、支付交易，可能为其中一些服务提供了替代性方法，并且缓解了没有银行网点导致的路途成本的问题。同时，物流金融业务的深度融入与广度接触，使参与粮食等农产品的加工生产零售及上下游供应链的中小企业投资融资问题得到了很大的缓解，不仅其减少最多的可能只是现金转移成本（银行和客户之间，以及客户之间），还使得在银行与客户需要近距离交流的环节，比如信贷分析和信贷监控等方面具有较大的便利性，大大地降低了相关的成本要素。这种服务形式的创新，很可能更加适合代替移动银行，将金融在农村经济中的覆盖范围扩展得更为深远。

一般来说，在关于农民收入来源以及粮食安全的讨论中，有效统一效率，增加农业粮食生产和对农村劳动的及时性支出，例如，种子、化肥、农机等生产资料投资方面的讨论，但这并不是问题的全部。大量的生产损失发生在粮食生产之后。收获后损失通常理解为粮食在收获后环节中数量和质量的损失。在经济欠发达地区，根据估计以及记录的数值，会占到初始收获数量的50%~70%。因此，粮食在生产加工之后的损耗对粮食安全有重要影响，无论是可得到的数量方面，还是粮食价格的新销售影响方面都是如此。在经济相对发达地区，这些损耗多存在于终端零售，如超市的售卖，粮食损失的数量惊人。这不仅仅是一个仓储问题，更是一个社会习惯问题。消费者不会愿意购买仓储时间过久或者不新鲜的农产品。与之相反的观察发现，在经济欠发达地区，零售环节和家庭的浪费要少很多。在这里，粮食损耗主要出现在前期生产和销售环节的自然损坏。例如，由于无法获得足够的收割装置（延迟获得或者根本没有），运输和储存过程中缺乏足够的冷藏措施，不安全的仓储方式导致的虫害，或者缺乏精良安全的包装产生的损失。

表1-1　运输和储存过程中的损耗情况

损失性质	收获后损失环节中的位置	举例
数量损失		
突发性损失	收割、运输、处理、储存过程	掉落遗失或者包装撕裂、溢出
鸟类造成的损失	收割前晒干	作物收割前在田间晒干
鼠类造成的损失	晒干、运输、储存	大田鼠、家鼠
虫类造成的损失	晒干、运输、储存	大玉米螟
质量损失		
物理条件	收割后晒干、储存	热度、冷冻、湿度
鸟类和鼠类的踪迹	晒干、储存	粪便、羽毛、毛发
虫类的踪迹	晒干、储存	粪便、幼虫、织网
微生物造成的损失	晒干、运输、储存	黄曲霉毒素污染、真菌腐坏
呼吸作用和蒸腾作用	储存、运输	易腐烂产品
处理	整个收获后环节	擦伤导致的腐烂

金融仓储的概念提出和在吉林省地区的实践应用正是解决这一问题的重要方案之一。提高收获后加工工序的效率需要较高水平的资金支持，这就需要在整个粮食加工生产销售各环节，全供应链体系当中的参与者共同来完成。从主要分类来看，这些投资既需要国家或社会团体（比如道路基础建设，或者可能以粮库为基础的存储便利设施）来承担，也需要参与生产环节的大型粮食加工企业、国家储备企业的技术支持，以便参与整个环节的粮食加工中小企业来共同完成承担。需要重视的是，参与其中的中小企业多为民营资本，在粮食的收获后投资远远超出很多政策制定者支持的

"加工企业"范畴。这样由物流金融行业深度参与，能够开展金融仓储的企业充分发挥其作为"非生产性角色"的功能，以物流运输和金融扶持、仓储等方面在减少收获后损失方面发挥了主要作用。同样需要注意的是，除了需要长期资金投入以外，短期周转资金缺口也是一个问题。

在这种背景下，金融机构与物流企业、中小粮食加工企业交叉销售对成本收入有决定性影响；使用金融创新活动当中的物流金融，深度融入农村农业产品的深加工各环节，不仅可以拓展信贷服务，也可提供储蓄、转账和其他服务。与之配合的是，物流成本的降低、仓储安全的提高、质押融资便捷性的高效，都能够帮助银行最大限度地利用其拥有的资源，提高全供应链当中的生产水平。因此，与提供全方位服务的物流金融联合体相比，通常只提供信贷服务的专业化农业银行的成本效率很可能较低。这些提供全方位服务的物流金融联合体，尤其是深度参与此业务当中的政策性银行，能够为更广范围的客户提供更广范围的服务。

很多深植农村的金融机构在定位和设计产品以及相应的流程组织上不够严格，以致不能在为农村群体提供服务时达到最高效率。实施这种严格化管理可能导致艰难的选择，因为这很可能导致必须忽略部分农村人口的一些需求。但是，流程组织的效率缺失其实是金融服务向农村渗透的主要障碍。整体农村金融、道路基础设施和农业供应价值链之间潜在的再强化关系更加重要。

为使农业和农村在物流金融成为保障粮食安全的有力工具，需要一个系统性方案。这个方案不仅强调农民对金融的需求；也强调价值链中深度参与者的融资和金融需求。将这些参与者考虑进来尤其重要，因为他们在减少粮食的收获后损失方面能够发挥重要作用，从而有助于市场获得更多的正向收益。亚洲银行曾经对世界范围内的750个小微金融机构进行过计量经济学分析，包括提供信贷和储蓄服务都会导致显著的范围经济效应，如潜在的成本节省效应。分析发现，范围经济性未必源于吸收存款带来的低资本消耗。范围经济性似乎是固定成本的分摊和不同产品粮食，这也会为消费者降低价格水平。

我们需要更加突出政府职能的作用，尤其是公共部门在农村运输基础设施建设投资方面的作用。基建条件的完备在保障粮食生产和减少收获后损失等方面都具有重要作用。金融部门还没有完成他们应做的功课：利用公私合作伙伴关系为公共物品提供融资，并为农业价值链参与者提供系统性服务。这方面的创新方法还很有限。农民和价值链中的其他参与者都面临特有的（协同的）农业风险。目前，仅有很有限的银行和参与其中的物流金融机构开发并实施了充分的风险评估和风险管理工具，以提高对农民和价值链其他参与者的信贷水平，并在流程组织上（这与产品设计有关）达到了有效水平，从而便于拓展对农村地区的覆盖面。

第二节 改善金融发展环境的研究

金融业在现代经济发展中占据着核心地位，是推动国民经济稳步发展的强大力量，同时也是实现经济发展方式发生转变的主要手段。随着我国社会经济的不断发展，我国的产业结构发生了比较大的变化。以第三产业的迅猛发展最为突出，其在社会经济体系中的地位与比重得以逐渐提升。在第三产业迅猛发展的过程中，表现得最为活跃的就是金融业的发展，其"催化剂"的作用充分发挥出来，使得我国国民经济发展的资源得到了不断优化，从而大大地降低了投资风险，并将全面、方便的金融服务提供给经济社会，使得我国的经济协调发展得到了极大的推动力。尽管如此，我国金融业发展的环境还需要改善，因此，对改善金融业发展环境进行相关研究具有非常重大的意义。

一、物流金融业发展影响因素及发展环境分析

20世纪70年代以来，在经济学界，很多学者已经开始关注物流金融业发展的规律及其影响因素。通常情况下，从经济增长和物流金融发展的关系研究中不难发现，其可以对物流金融业的发展展开进一步的抑制或促进，可以说是主要的影响因素。有学者指出，实现发展中国家的物流金融

增长最主要的还是要对物流金融市场体系进行完善。从本质上来说，物流金融发展与增长的过程就是市场进化的过程。同时，经济的发展同物流金融机构是紧密相连的，如果物流金融发展停滞不前甚至倒退，对经济发展产生的影响也是巨大的。所以，想将一个有效率和有体系的物流金融体制建立起来，就一定要提供出足够多的外部资金给企业，并对储蓄与投资机制进行逐步完善。

20世纪90年代，虽然关于物流金融发展与增长的研究相比较而言没有之前活跃，但是相关研究工作始终都没有停止过。到了21世纪以后，对物流金融业发展问题进行研究时，在物流金融业发展模型中引入了物流金融市场与内生增长，并根据相关方法对经济增长与物流金融业发展之间的关系进行了分析与研究。有学者认为，财富的增加与人均收入的提高使得原本简单的物流体系变得更为复杂。当人均收入水平不够高时，整体便不会有更多的资金参与物流行业的发展和金融创新的融合。因此，也就不需要更多复杂的物流渠道与金融服务，这样便发展不了物流金融体系。相反，当人均收入达到一定高度时，实体对物流金融服务的要求也会相应提高。在这种情况下，这些复杂的供应链当中的物流机构便会对这种机会利用，将有效的物流业务与金融服务相加提供出来。不过，通过这一服务产生出来的成本与费用在一定程度上也会有所上升。还有学者在分析物流金融业发展影响因素时，从实践与理论两大层面进行判断。在分析物流金融业发展主要影响因素时，建立了一个层次分析图。此外，其还对物流金融业发展的主要影响因素进行了归纳与总结，分别是经济结构、经济规模、政治因素、城市化进程、经济效率、法律等方面，以及在物流行业延伸至金融机构服务创新、物流金融规模、物流金融效率等方面，这些因素都会产生或大或小的影响。

要想治理好物流金融业的发展环境，不仅需要内部条件，还需要一些必不可少的外部因素。虽然已经有很多学者对物流金融业发展环境进行了研究与探讨，但是在民营经济不断发展与壮大的情况下，物流金融业发展所面临的融资难的问题越来越突出。

每一个投资者都有自己的投资追求。自有投入物流金融业的发展，是个体行为延伸的一些深层次的金融生活与物流金融心理等因素组合而成的一种资本市场现象。目前，物流金融学理论形成出来的体系还不够完整且不够成熟。在这种状况下，急需对物流金融业发展进行调整，将政策稳定下来，并稳定投资者对于物流金融业的信心，这样做可以让投资者敢于决策，使得物流金融业发展环境得到极大的改善。

当前大数据、信息供应链、渠道链逐渐复杂化，越来越丰富且传播的速度非常快。毋庸置疑，物流金融业的发展就是处在一个难以决断的复杂环境之中，所以在选择物流金融创新发展环境时，一定要评估好各种物流链与金融新属性、新发展现象。同时，还要有目的地对经济状况展开调查与反馈。现阶段物流金融业的大部分信息都来源于相关人员，而其他一些旁观者则不会对这些进行更深一层的了解。

此外，物流金融市场也要有一定的效益追求，因为每一个投资者必定会对效益予以极高的关注。不管是对投资实际行情进行研究的人，还是对物流金融业务当中投资理论进行研究的人，归根结底都是在对物流金融环境进行研究，对与物流金融有着密切关系的集资、证券、股票以及公债、票据、仓单质押等问题进行研究。如企业规模等现象是很难做出判断的，其资金的实际状况只看表面是远远不够的。有些企业虽然规模小，但不一定没有雄厚的资金，所以要看其经营的是什么产品、有没有商品生产等。相反，有些企业虽然规模做得很大，但是如果背负了巨大的贷款，在产品销路方向上也没有明确的思路，其发展前景是不容乐观的，也就是说要看中长期效益。

综上所述，虽然物流金融业在我国国民经济发展中占据着非常重要的地位，但其发展环境不容乐观。因此，在经济社会发展的大背景下，对改善物流金融业发展环境进行相关研究与探讨具有非常重大的意义。

二、金融企业的品牌经营与供应链中物流企业核心竞争力探析

品牌是企业的标志，加强企业品牌经营能够有效提高企业的潜在竞争力。在金融企业，积极实施品牌经营的战略，能够有效提高企业的经济效益，为企业的发展提高知名度。对于消费者而言，金融企业的品牌，就是

企业的信誉和质量的保证，能够降低消费者的消费风险。

企业的品牌经营与提升企业核心竞争力之间的关系是相辅相成的，其主要表现在以下几个方面。

第一，从发展的进程方面分析，企业的品牌经营与核心竞争力发展，都是一个不断累积的过程。金融企业要打响企业的品牌知名度，需要企业有足够的竞争力，这样才能长远保持金融企业的品牌信誉。金融企业的品牌经营和物流企业核心竞争力的发展需要企业的不断发展和逐渐积累，是一个长期性的过程，是企业发展的长久性战略，始终贯穿整个参与物流金融业务的企业发展的每一个阶段。

第二，从影响范围方面来看，企业品牌以及核心竞争力都与企业经营管理有着密不可分的关系，涉及到企业经营的各个环节。在金融企业品牌经营和物流企业核心竞争力提升的企业活动中，要发挥企业所有积极因素。金融企业的品牌经营不只是金融企业某一个部门的运作，更是整个企业综合实力的体现，而企业核心竞争力的提升，必然是物流企业与供应链中金融支持的整体优化的结果。

第三，从表现的实质方面来看，物流金融参与企业品牌经营是企业核心竞争力提升的外在表现，物流金融参与企业的核心竞争力提升是企业品牌经营的目的和任务。在金融企业的品牌经营过程中，需要物流企业核心竞争力为其作为强大的基础保障。在金融市场上，通过强有力的竞争，保证金融企业的稳定发展，从而促进金融企业的品牌效应，是消费者在选择金融业务服务中，通过企业的核心竞争能力，选择品牌信誉度高的金融企业，以降低金融参与活动的风险。而金融企业的良好品牌效应，也能够有效促进供应链当中物流企业核心竞争力的有效提升。金融企业的良好品牌，能够为金融消费者带来很好的金融服务信誉度，降低金融消费者的购买风险。

第四，从最后的结果来看，金融企业品牌经营的最终目的是使企业的利润最大化，保证企业的长远利益。而供应链当中物流企业核心竞争力的提升，最根本的任务和目的是保证企业在发展的进程中，长久保持与金融市场结合的稳定与发展。所以说，金融企业的品牌经营和物流企业核心竞争力的提升，归根结底都是为了保证物流金融业务在激烈的市场竞争过程中保证企业的稳定发展，提高企业的经济效益。

（一）金融企业要积极加强对企业的品牌经营建设，保证企业的品牌质量

良好的企业品牌，能够为金融企业在消费者面前树立一个良好的形象，增加消费者对金融企业的信誉度，从而保证企业金融业务的发展。因此，金融企业要积极保证企业的品牌质量，通过良好的企业品牌形象，给消费者传递一个良好的企业形象，表达企业的信誉和质量。

一是积极对企业品牌进行宣传策划。金融企业的品牌宣传策划，一定要符合企业品牌的市场定位和各项金融业务内容，要突出金融企业的重点合格优势。金融企业的品牌经营，要积极通过对品牌的宣传和策划，提高品牌的知名度，让消费者能够准确了解企业业务范围和质量，利用良好的企业品牌，提高企业的信誉度，保证企业品牌在消费者心中的良好形象。

二是加强对企业品牌的维护。金融企业品牌的经营是一个漫长的、动态的过程，企业要积极强化品牌的内涵，保证企业品牌的文化底蕴，并通过对品牌的创新增加品牌的内在意义。另外，金融企业也要在不断发展的金融市场中，采用先进的管理理念和信息管理技术，积极开发新的产品业务，保证金融企业在市场中的先进性。

（二）提升供应链中的物流企业核心竞争力，找准企业的定位标准

在供应链中物流企业的核心竞争力提升过程中，主要表现在企业的附加价值和竞争对手的模仿难度。

在供应链中物流企业的核心竞争力提升方面，企业可以积极寻找和挖掘金融扶持与物流企业相结合的核心竞争力，找准企业的定位标准。供应链中物流企业的核心竞争力不同于普通的物流企业的竞争力，它首先表现在企业的关键环节和重要部分，在企业价值链的各个部分和环节都有可能涉及到。因此，供应链中的物流企业要积极探索供应链中物流市场的行情，了解市场的需求状况，掌握产品技术的变化趋势，认清其他供应链中物流企业以及自身的发展条件，找准企业的定位要求。

积极加强学习和知识积累，促进企业核心竞争力的发展。供应链中物流企业也可以通过不断地学习和创新，积累相关供应链中的物流知识，以开发和提升企业的核心竞争力。供应链中物流企业要积极加强学习，积累自身的知识，充分挖掘和培育企业人才，通过管理，将企业核心竞争力运用到供应链中的各项创新经营活动中来，并通过总结和分析，促进企业核心竞争力的发展。

（三）积极依托金融企业品牌经营，提升供应链中物流企业的核心竞争力

首先，转变供应链中物流企业的经营观念，树立参与金融企业的品牌意识。良好的企业品牌是企业信誉和质量的保证。在供应链中的金融企业品牌经营中，企业的品牌信誉，主要是通过企业的管理、企业职工的素质、企业的信用以及供应链中物流业务的服务质量等各个方面来体现，并通过企业的核心竞争力对其进行长久的维持。树立企业的品牌意识，能够有效展现企业的管理水平、产品服务质量、企业员工的素质以及企业的商业信用，从而提高企业的市场核心竞争力。

其次，坚持突破创新，打造企业的品牌效应。供应链中物流企业的品牌效应需要企业的核心竞争力作为支撑，需要依靠企业的核心竞争力提升来完成。因此，供应链中物流企业在树立品牌效应的过程中，要积极提升企业的核心竞争力，通过打破传统的供应链中物流企业经营管理弊端，积极挖掘企业人才，合理制订企业的管理方案，加大对企业资金的投入，以创新的科学技术和管理方式发展企业的核心竞争力，为企业创造出良好的品牌效应。

最后，健全质量保证体系，保证业务的服务质量。产品质量是企业品牌经营的基础，是让消费者产生选择该供应链环节中的物流业务与金融交集产品信任感的最直接原因。企业的业务服务质量低下，产品质量得不到保证，很容易让消费者产生对该供应链中的物流企业与金融产品的不良印象，企业的品牌效益也得不到体现，也就导致企业在供应链中物流金融市场的核心竞争力低下，无法保证企业的健康稳定发展。因此，供应链中物流企业与其融合业务的金融机构要积极健全企业产品服务的质量保证体系，保证企业产品和业务的质量，从而提升企业的品牌效应，在多元化、创新化的市场激烈竞争中，保持核心竞争力的优势。金融企业的品牌经营与供应链中物流企业核心竞争力之间的关系是相辅相成的。企业的品牌效益经营，要以企业的核心竞争力为基础，需要通过提升企业的核心竞争力来完成。因此，企业在经营发展的过程中，要积极依托品牌经营，提升供应链中物流企业的核心竞争力，进而保证企业在激烈的市场竞争中持续、稳定发展。

第二章　物流金融：区域经济角度探索的新动力

　　吉林省在传统物流行业中占有地域性优势，所缺乏的正是金融业务的支持。省内部分银行开展了以物流金融为创新融资模式的业务，并在其他领域取得良好业绩。但对于粮食加工业来说，物流金融还是比较陌生。本章的研究正是为物流金融在吉林省粮食工业有效开展，为广大中小型粮食加工企业拓宽融资渠道、减少融资成本、提高资金运用效率，为实现第三方物流企业、金融机构、粮食加工企业之间的三方共赢做充分论证，为吉林省粮食工业的融资提供新的思路，为粮食工业当中的就业、人才储备、经济发展提供理论依据。

第一节　区域经济发展

　　近年来，为了促进社会主义市场经济体制的进一步确立和完善，政府相继出台了很多政策措施，把区域经济协调发展的问题放在了改革的重中之重，提出了区域协调发展战略。区域经济能否取得协调发展，对于我国国民经济发展具有十分重大的影响。

一、区域经济协调发展的内涵

　　所谓的区域经济协调发展，大致可以解释为以下几种情况。第一，不同的地区由于自然和社会条件的不同，存在着很多差异，区域经济协调发展的目的就是将这些差异降到最低，以便达到相对平衡。第二，东部地区的经济发展程度要远高于中西部地区，发展不平衡和差距十分显著。为了进一步减少两极分化的现象，可以适当地对区域之间的经济投入进行平衡和协调，在区域空间和产业结构等各方面做出相应的调整，以便缩小区域之间的差距。第三，在制订区域经济发展战略和对策时，从国家的整体利益出发，鼓励经济程度不同的区域进行分工协作，加强区域经济科学分工体系的建立和完善工作，促进区域之间的产业结构调整和改革。第四，生产力的强弱决定了该区域的经济发展状况。为了平衡不同区域之间的经济发展水平，国家应该对区域之间的投入进行合理的分析和探究，使区域投入更加科学化和合理化。第五，长期以来，区域之间在贸易和市场方面封锁和分割现象严重，区域经济协调发展必须打破这种不良的发展局面，促进各个生产要素的自由流通，使区域之间的贸易能够逐渐走向市场化。第六，区域经济的协调发展必须消除和减少不良竞争乃至经济垄断的不良现象，维持改善区域之间的利益关系。总之，区域经济的协调发展必须是互动和开放的过程，只要明确分工，进行合理科学的资本和技术投入，就会不断减少区域之间的发展差距，促进我国国民经济发展。

二、区域经济协调发展的有效路径

（一）积极进行财税政策的调整和改革

税收作为我国国民经济的重要收入来源之一，所制定的财税制度直接关系到税收的征收以及资金的流向问题，在进行区域经济发展中发挥着巨大的作用，扮演着十分重要的角色，必须引起高度重视。然而，目前我国的财税制度改革仍然很不彻底，特别是所得税和流转税等税收问题方面，仍然存在很多问题，限制和阻碍了区域经济的协调发展。因此，政府必须加强对财税政策的优化和调整力度，将所得税以及流转税的比重控制和调整在一定范围内，以便税收对经济的调节作用能够得到充分发挥。协调发展我国区域经济时，首先要充分研究和考虑我国目前的税收制度存在的问题，并进行针对性的优化和改革调整，确保税收收入能够实现分配的公平。在制订和明确财税政策目标和要求时，必须充分重视所得税和流转税在其中的重要地位，对二者进行协调和分工，以便实现二者之间的优劣互补、相互配合，促进区域经济发展效率的提高，为我国区域经济的发展贡献一份力量。

（二）促进政府职能的转变，提高宏观调控在区域经济发展中的比重

区域经济从根本上实现协调发展，离不开政府的有效指挥和协调。政府对区域经济宏观调控力度的强弱，将会在很大程度上对区域经济协调发展战略的制订以及执行产生很大的影响，对区域经济起着重大的制约和引导作用。区域经济结构之间的不平衡和隐藏的各种矛盾，其实就是政府和经济之间不能进行有效协商和合作造成的。因此，要想从根本上消除和改变这种不良局面，就必须积极促进政府职能的转变，通过这只看得见的手对市场进行宏观调控，以便规范市场秩序和市场行为，为区域经济的发展营造一个良好的市场发展环境。

（三）加强相关法律法规的建立和完善工作

由于市场自身的自发性、滞后性等原因，导致市场在进行自我调节时仍然存在着很多问题，给经济的快速发展形成了阻碍，因此，需要政府进行适当的宏观调控。政府对市场进行宏观调控大多是通过制定相关的法律法规来实现的，通过不断建立和健全经济发展的相关法律法规，为区域经济的协调发展提供强有力的法律保障和后盾，并进一步规范区域经济的市场秩序和行为，促进区域之间进行良性竞争和合作，实现共赢，促进我国区域经济综合实力的整体提高。

社会主义市场经济体制的建立和完善为我国经济的发展注入了新的发展活力。然而，在国民经济整体上呈现上升发展趋势的同时，区域经济的发展态势却不容乐观，区域之间两极分化现象严重。由于生产力和科技的投入力度不同，区域经济之间存在着较大的差距，恶性竞争以及不公平现象部分存在，给我国国民经济的后续发展带来很多不利影响。因此，必须不断加强区域经济之间的合理投入，促进区域经济协调发展。

第二节　以县域角度审视吉林省粮食与物流金融

吉林省从事粮食加工业务的中小型民营企业多处于各县中。在以县域经济为桥梁的金融创新活动中，物流金融的发展起到了极为关键的作用，需要多角度共同发展，以此为背景解决吉林省在各县域分散状的粮食加工中小企业的融资问题。通过物流金融对粮食加工企业的支持，发挥县域金融机构的核心作用，整合全省发达物流体系，形成一个多元化的结构模式。这种以各县金融为点、以全省物流行业为线的多层次的交叉串联活动，同层次的元素并联活动，将形成一个多元素、多结构的金字塔形状。一个金字塔内多层次的分解与组合，既是内部元素的不同组成，又是外部元素形成组织框架的不同模式。形成县域物流金融的客户导向，进行中小粮食企业加工中的融资模式架构重建，是推动县域经济振兴发展的重要举措。

吉林省作为粮食生产大省，存在很多中小型民营粮食加工企业，其自身发展不成规模，可用于抵押或质押的资产较少，同时又很难得到大型企业提供的信用担保。如果金融机构贷款给这些中小民营企业，除了要增加更多的信贷成本外，金融机构承担的信贷风险也将相应提高。

金融是现代经济流通服务领域的核心内容，是货币流通、物流流通、信息流通、信用流通等与之联系的经济活动的总称。粮食加工企业，特别是在县级经济体当中的粮食中小加工企业，通过县级经济联系城市与乡村纽带，其发展水平不仅影响了城市化的农业粮食生产和市场化的建设与发展，还反映出在城市经济辐射能力较弱的农村农业经济的繁荣程度。而县级金融机构与物流行业的结合，是促进县级农业经济发展与我国农业经济发展的重要推动力。在吉林省发展散落于各县域的粮食加工企业以及物流服务的综合利用，是对当前和今后一个时期实施乡村振兴战略的重点任务和全面部署。推动县域经济振兴发展是实施乡村振兴战略的应有之义，县域经济和乡村振兴是一体的，发挥县域金融机构的核心作用正是推动县域经济振兴发展的重要举措。

县域金融机构应当把促进县域经济发展视为第一责任，通过采取各种有效措施，不断提升县域金融服务质量和水平，以推动县域经济的转型与升级，加快城乡统筹发展和全面小康社会建设步伐，对县域的经济发展与建设贡献出自己的力量。

县域金融业创新业务发展中存在的问题，主要表现在以下三个方面。首先，金融组织体系和金融服务有待加强。从目前吉林省县域金融业的组织体系来看，广泛存在中小金融机构发展不足的问题。部分县域政府未能认清金融机构及金融机构创新服务对促进县域经济发展的重要作用，忽视了对县域金融机构建设的指导与支持，导致目前吉林省仍有不少县域存在金融机构创新业务空白、金融机构创新服务不完善等问题。其次，金融机构经营机制不完善。随着经济体制改革的不断深入，吉林省部分县域金融机构虽然认识到了金融机构改革的重要性，但在实际的改革过程中却表现得十分片面，即主要侧重于机构人员的变动上，而非对金融机构制度进行改造与创新。在银行业的发展规划上，相应的考核机制与经营模式有待进一步改革。同时，在部分县域保险公司的内部控制和基础管理制度上也存在着较大缺陷，治理结构不能符合当今时代的发展需求。最后，对金融机构的潜在风险不够重视。目前，在吉林省各县域金融机构中，银行的信用风险和操作风险依然十分突出。其具体表现为银行信贷量、集中度增长的风险，资产负债期限错配问题日益突出。同时，证券期货、保险类机构参与金融创新的经营机制和风险管控能力也有所欠缺，普遍存在顺周期行为，对预防和控制系统风险十分不利。此外，在地方政府融资平台等融资主体和部分金融理财产品上也存在着较大的风险隐患。

促进县域金融业服务创新发展，必须提高对县域金融业服务创新的认识。不仅要认识到县域经济是我国国民经济的重要组成部分，还要认识到它的兴衰将对整个县域经济建设发展起到直接影响。其具体措施可以从以下两个方面入手。其一，加大发展金融业服务创新的宣传力度，提升县域领导及民众对金融业服务创新的认识，使其充分认识到金融业服务创新对于促进县域发展的重要性与迫切性。其二，积极转变县域金融业服务创新的发展模式。从我国目前县域经济的整体情况来看，县域金融业服务创新还处在起步阶段。无论是在金融机构的规模、质量上，还是在组织体系制度的建立上，都存在着诸多不足。运用传统的金融发展方式是无法有效处理以及完善这些问题的。因此，在吉林省金融生态环境不断改变与优化的背景下，县域经济要想取得较快较好发展，使之顺应时代发展潮流，为县域金融业服务创新的蓬勃发展提供有力支持，必须及时更新当地金融业服务创新的发展理念与发展模式，不断改革创新自身的经营手段与经营方法，并提升金融机构的服务能力。

促进县域金融业服务创新发展，要积极完善县域金融组织体系。县域金融组织体系的完善方式主要可以从以下三个方面入手。其一，推动各类金融机构将服务范围延伸到县域中来，使之在县域内设立各个金融机构从事服务创新的分支机构。这不仅能够有效扩充金融机构的服务范围，还能增强县域的金融设备基础，提升县域金融的服务水平，对县域金融业服务创新的发展起着十分积极的重要意义。为此，相关政府部门应当积极制定、出台相关政策，鼓励各机构能够在县域建立服务网点，在为各类经济主体提供便捷服务的同时，促进县域经济发展。其二，发展新型的农村金融组织。各县域政府应当紧密结合各县域经济的实际发展情况和发展需要，创造条件加快发展县域创业投资、产权交易、融资租赁、拍卖、典当等各类新兴金融业服务创新业态和组织。同时，加强监管与风险防范的监督工作，鼓励开展农村合作式、互助型金融组织试点，探索推进农村专业合作社内部资金互助组织建设，鼓励和引导民间资本发起设立或参与组建新型农村金融组织。其三，建立完善的县域融资担保体系。政府应当充分发挥政府的经济调控作用，积极制定切实有效的扶持政策，通过资本金注入、风险补偿和奖励补助等形式，广泛动员和支持各类社会资金参与组建政策性与商业性相结合的融资性担保机构。

促进县域金融业服务创新发展要防范化解县域金融风险。首先，县域政府应对县域内银行信贷、上市公司、商业保险等方面的风险保持高度重视，并加强对各金融机构交易场所的监督管理，以防范风险问题发生。其次，对民间借贷的行为加以科学、正确的规范与引导，使其公开、规范，并进一步消除潜在风险。再次，对于不合法的金融行为也要进行严惩，以示警诫，以不断完善金融稳定工作机制。最后，完善金融监管平台和制度。政府应积极主动地建立与监管机构信息共享的金融监管平台与制度，加强金融信息的对称性，实现经济综合部门与金融机构的无偿信息数据交流，促进金融机构风险防范机制的有效建立。

县域经济是联系城市与乡村的纽带，其发展水平既影响了城市化和市场化的建设与发展，还反映出城市经济辐射能力的强弱和农村经济的繁荣程度。而县域金融业服务创新是促进县域经济发展与我国经济发展的重要推动力量，因此，只有不断提高对县域金融业服务创新的认识，积极完善县域金融组织体系并防范化解县域金融风险，才能有效促进县域金融业服务创新的改革与发展，进而促进国民经济有效增长。

第三节　吉林省粮食工业与物流金融

一、吉林省的物流金融开展

从发展的角度来看，吉林省的物流金融还在起步阶段，且由于方法手段、市场环境和制度环境方面的特点，省内整个粮食生产、仓储、加工的工业物流中，物流金融的发展存在一系列明显的阶段性欠缺。

由于省内企业物流管理的意识普遍薄弱，物流普遍表现出松散的特征，表现在物流的边界模糊，核心企业对物流成员的管理缺乏制度化的手段。在这种条件下，物流融资对核心企业的资信引入有时缺乏利益激励，而成员企业对核心企业的归属感不强，也导致基于物流的声誉效应和违约成本构造起来比较困难。这种状况不仅使得银行可选择开发的链条有限，而且需要审慎评估物流内部约束机制的有效性。这解释了吉林省内物流金融相对集中于汽车、钢铁等有限几个行业的原因。

省内金融信息技术和电子商务发展得相对滞后，使得物流金融中信息技术的含量偏低。作为一项高操作成本的业务，信息技术的应用程度与操作成本节约高度相关。电子商务手段有助于增强贸易背景可视度，降低交易成本，但省内商业银行普遍没有将物流金融有机整合到这类平台之中，因此带来贸易环节和融资环节额外的割裂成本。

省内银行的物流金融局限于省内物流，对物流中的国际贸易融资延伸和整合不足。面对跨国公司的大批省内供应商和分销商，也没有从系统论的视角提出有效的解决方案，错失了大量的业务机会。从业务营运的机构设置看，除了农业发展银行以外，大部分银行的物流融资尚未独立于传统流动资金贷款的风险控制体系运行。对物流融资仅停留在概念营销层次，风险控制的核心价值并未有效吸收。结果不仅未能充分发挥营销效率，也存在较大的风险隐患。比如，大多数银行没有设置专门的债项评级体系，没有特别的审批通道，没有专业化的操作平台，缺乏针对核心企业和物流监管合作方严格的管理办法等。

而物流金融发展速度较快的东南各省，综合性的单一担保物权替代了多种传统形式的动产担保权益。动产抵押采用统一登记制度，信贷人无需实际占有借款人动产，而享有担保物易变现、易执行的相关便利。反观省内，有关动产担保物权的设定、保护及实现的相关法律严重滞后于国际最佳实践，使得第三方物流作为不可或缺的风险控制变量被银行引入货押业务操作中。操作流程相对复杂、省内动产担保物权相关法律的不完善，导致物流金融业务在很多操作和预期损失领域存在不确定性。同时，监管部门对物流金融的认识很大程度上停留在传统的流动资金授信层次，对物流金融的风险特征、信贷技术以及核心价值了解有限，相关的规范、引导和监管工作比较欠缺。

尽管存在上述问题，本文认为有几个因素决定了省内物流金融业务将在中长期内获得深入发展。首先，省内产业组织结构中的物流模式发展趋势不可逆转，核心企业的财务物流管理需求将日益凸显；其次，省内大部分粮食加工中小企业的未来生存方式不可避免地需要依附于某条物流工业化的供应链体系，这对银行服务中基于系统论的评审技术和开发模式提出了要求；最后，物流金融作为涵盖传统流动资金贷款、国际贸易融资以及相关负债、中间业务的整合性概念，相关技术手段和风险控制理念更为完善和先进，具有适应变化中的市场环境的充分生命力。

二、吉林省粮食产业加工情况分析——玉米作物为例

2018年全国杂交玉米可供种量为18亿公斤，而需种量仅11亿公斤，玉米种子供过于求的现象较为严重。吉林省玉米种子市场年需求量约为1亿斤，省内玉米种子企业规模和实力不强，专用型玉米品种缺口较大，优质品种仍显不足，在玉米品种的播种面积和表现优秀种子数量上，省外品种仍具有一定优势。外国企业、合资企业和外省种子企业占据半数以上的吉林省玉米种子市场。

2016年，国家在东北三省和内蒙古推动玉米收储制度改革，采用"市场化"加"补贴"的新机制。吉林省2019年玉米生产者补贴水平为86元/亩，较2018年下调8元/亩，是补贴水平最高的省份。吉林省玉米生产以规模种植户为主，单户种植规模大多在100亩以上，机械化、专业化生产较为普及，农业生产方式更加现代化，经营类型主要包括合作社、家庭农场、种植大户等。据统计，从2013年开始，规模化种植经营主体不断增加，小规模种植户逐渐减少，土地集中化水平得以推进。2017年，全省土地适度规模经营比重为41.3%。截至2018年，吉林省内注册的玉米专业化种植合作社已达2492家，玉米专业种植合作社的统一种植将玉米带趋利避害的生态适应性发挥到最佳状态。

吉林省继续普及秸秆还田、地力培肥土壤改良等综合配套技术，推广测土配方施肥、保护性耕作等绿色技术，为土地持续"减肥""节药"，补充"营养"。据估算，玉米种植户在化肥上可以减少近20%的投入资金。玉米生产成本中，土地成本、人工成本和农机作业费用占比较高，人工成本和农机作业费用呈现双增现象，土地流转成本也有所上升，总成本增长较快，土地经营规模扩大过程中并没有使单位土地成本下降。从边际定价的角度看，种植户玉米生产成本是玉米市场价格的主要支撑因素。但由于种植户普遍缺乏玉米检测设备，而且送检成本较高，在种植户售粮环节不具备精准定价

的条件，主要凭感官和经验判定，在模糊定价过程中仅关注"到手价格"，在价格谈判中较为被动。

由于政府对玉米深加工企业和饲料企业进行补贴，吉林省玉米本地消化量有所增加。吉林省依托粮食生产基地优势，主动巩固发展粮食产销合作关系，稳定拓宽粮食销售渠道，多元主体积极入市收购，仍有一部分为外运销量。从玉米流量流向角度看，可以分为一次性储备、本地消化和外运销售，其余则为贸易商囤购和南方企业东北做库存两部分。

吉林省玉米流通模式主要以间接流通模式为主，从事玉米贸易的经营主体包括产地集货贸易商、长途运输贸易商、企业贸易商和复合贸易商等类型，是玉米市场产销衔接的重要纽带。在国家去库存政策下，随着玉米加工产能的不断扩张，加工企业直接收购（主要是订单合同和粮食银行）和建立生产基地成为发展趋势，玉米产销直接对接模式也逐步发展起来。在玉米外销环节，贸易商大多采取"港口价格倒推"的方式确定；在本地销售环节，贸易商定价大多采取"加工企业收购价倒推"的方式确定，属于随行就市定价模式，贸易商处于被动地位，深加工企业是价格主导方。

从吉林省玉米生产的加工情况分析，玉米几乎所有部位都有利用价值，主要分为种用、食用、饲用和深加工。吉林省玉米产量的65%以上用作饲料，饲料工业和养殖业的变化对玉米的需求构成很大影响，而且玉米饲料消费量受替代品消费量影响较大。玉米是加工程度最高的粮食作物，玉米深加工产品增长速度最快的主要是淀粉和酒精，其中淀粉、淀粉糖类占60%，酒精占20%，味精、赖氨酸、柠檬酸等深加工产品占20%。国内玉米加工业的特点是加工空间大、产业链长、加工产品多达数百种。

玉米加工转化企业是吉林省内消化玉米的主渠道，吉林省政府不断出台政策，鼓励饲料、淀粉、玉米糖浆和生物燃料企业快速发展，逐步形成了具有比较优势的玉米深加工产业链，占国内玉米加工消费的17%。从全国范围来看，省内企业每生产1吨玉米淀粉，理论盈利约100元，加工利润高于国内其他地区，通过开发具有较高附加值的深层次加工品或副产品，可带来更高利润。随着东北深加工企业产能扩张，未来吉林省将由玉米净流出省转为内部转化省。

根据2016年至2018年各地农作物品种、粮食产量等基础数据，核算全省秸秆年可收集利用量约4000万吨。吉林省未来几年将推动以秸秆肥料化利用为先，饲料化、能源化利用为重点，原料化、基料化利用为辅的"五化"利用。2018年，省内龙头企业以玉米秸秆等生物质为原料生产聚乳酸、乙二醇技术亦获得成功。据估算，2019年全省将实现秸秆综合利用量超2800万吨，利用率达70%（含农民生活燃用约25%），到2021年将实现全量化利用目标。

近年来，玉米加工企业开工率较高，部分企业全年满负荷开工，原料主要为本区采购，也会参加临储拍卖，主要是随采随用为主。由于玉米加工企业的毛利低，对玉米原料和副产品的价格波动非常敏感，因此，在大型购销主体之间主要采取远期定价模式，包括远期现货定价、现货点价、基差点价方式。2019年上半年，大商所玉米期货套保效率和期货现货价格相关性均增幅明显，大型购销企业的期货市场参与率普遍提升，玉米期货单位客户持仓量占比达58%，玉米期权单位客户持仓占比达68%。

吉林省已经形成了包括玉米育种、生产、加工、流通及销售的完整玉米产业链。随着玉米市场被全方位激活，国家库存向社会库存转变，产业链参与主体数量增多、类型增加、实力变强。玉米产业发展亦呈现向前端延伸建立优质原料生产基地，中端仓储、冷链、物流体系逐步完善，向后端拓展精深加工、品牌营销的融合发展。随着市场化定价机制的确立，政府需要根据市场形势逐步建立择机调控机制，通过物流产业的大数据体系，强化发布信息的预测预警功能。

临储改革后，玉米价格由市场形成，农户只有综合考虑价格波动趋势，选准售粮时间点，才能实现自身收入的最大化。农户可以组建现代农业产业化联合体，建立分工协作机制，与加工和粮储企业实现直接对接，选种优质玉米品种，合理扩大种植规模，提高储藏能力，降低运营风险。农户售粮决策更趋理性，有利于实现玉米均衡上市。间接对接模式虽然增加了玉米的流通成本，但在未来一段时间内仍将是我国玉米流通的主要模式。随着贸易商群体增速发展，市场竞争也日益激烈，当玉米产需格局发生变化时，"倒推"方式定价使贸易商成为接受价格方。发挥金融仓储的集团化功能发展，有利于增强贸易商实力，与客户展开多领域广泛合作，可以为下游客户提供收储、冷链、物流等综合服务。

在"大玉米经济"背景下，随着玉米价格从高位回落，加工企业利润改善，深加工企业也进入新一轮产能扩张期，加工企业实力日益增强，行业集中度越来越高。结合区域经济发展，玉米加工企业应注重调整产品结构，消化过剩产能；利用生物技术研发优势，改造生产工艺，开发高附加值产品；融入智能制造，实现数字化、网络化、系统化的全流程改造。玉米产业链购销主体参与期货避险意识增强，利用物流金融的业务创新融合保险、期货、基差贸易、场外期权等工具规避价格波动风险，已成为大型贸易商、饲料企业和加工企业的共识。农业生产风险防范系统形成过程中，期货市场正发挥着越来越重要的作用。

第四节　物流产业的发展与生产要素、就业关系

物流产业是国家经济的主导产业之一，尤其在我国产能过剩的背景下，制造业的生产能力过剩，存在普遍商品积压现象。供给侧结构性改革的目的之一是通过发展商贸物流业，促进居民消费意愿，将过剩的生产能力与市场需求相匹配。不过，商贸物流业的发展不仅符合供给侧结构性改革的需要，还会促进相关领域的就业水平提升。一直以来，我国的就业问题属于民生经济，得到了广泛的社会关注，就业率的平稳关系到国家经济发展、社会和谐安定、居民生活水平等多个方面。如今，我国经济进入新常态，各个主要城市地区大力发展服务业来创造更多的就业岗位，然而劳动力市场供给与服务业劳动需求的信息物流存在滞缓，产生了用工荒的问题。因此，要通过物流业发展来带动相关行业的劳动力需求，产生就业吸纳力。物流产业过去属于劳动密集行业，而在互联网行业和信息行业的迅速发展下，劳动力素质需求也得到显著提高，尤其是电子商务的网购、移动商务和O2O商业模式的大力发展下，更多农村劳动人口能够借助电子商务来消化农村的农产品滞销问题。不过，根据库兹涅茨提出的产业结构演变

规律，产业结构变动与就业结构变动存在滞后性偏差，如果偏差过大，则难以发挥产业结构调整对就业增长的促进作用。不同地区的物流产业发展水平不同，对就业的促进能力存在差异。本部分借助省级面板数据来研究东部、中西部地区对就业水平的影响差异，根据研究结果为我国物流产业转型提出政策建议。

谢莉娟和吴中宝借助偏最小二乘法来研究物流业发展与就业增长的关系，得出物流业对于就业拉动作用不足，物流业内部子产业结构失衡，应当提升零售业在物流产业中的地位主导性。王晓东和谢莉娟对我国中部地区物流产业和就业增长的研究发现，物流产业发展与地区经济增长和城镇化水平相比，在推动就业增长的影响效果方面更为显著。王睿通过对物流产业发展与就业吸纳力的关系研究得出，东部地区的物流业对就业有更有效的拉动作用。黄琴通过省级面板数据研究了商贸物流业的就业吸纳效应，并且对我国东部、西部和中部地区进行了分别研究，得出我国东部地区的商贸物流业发展相比其他地区而言，更能拉动地区的社会就业水平。齐云英研究了商贸物流业的劳动生产率对商贸物流业就业增长的影响，结果发现劳动生产率对就业人口增长存在负相关关系，说明技术进步对就业岗位具有破坏效应。郝冰的研究得出，我国中西部地区物流业对就业的影响较低，提出中西部地区应当加大对当地中小物流企业的扶持力度。

表2-1　选取的变量

变量名称	变量符号	变量定义
地区就业人员	Employment	该省市的就业人员数量
流通产业增加值	Girclation	该省市批发业、零售业和交通运输业的产值
流通业全要素生产率	TFP	该省市批发业、零售业和交通运输业的全要素生产率
人均收入水平	Per-income	该省市人均可支配收入水平
科技发展水平	Technology	该省市技术市场成交额
城镇化水平	Urbanization	该省市的城区面积大小
地区经济产值	Economic	该省市的地区生产总值

通过文献研究可以得出，物流产业被认为是国民经济的先导性产业，发挥了经济增值和提高就业水平的基础作用。另外，研究普遍反映了我国物流产业对就业促进作用存在地域性的差异。

　　根据英国古典经济学家配第提出的理论，17世纪，在重商主义的推动下，产业结构转型，更多的农村劳动力人口进入商贸业，而劳动力在转移过程中与产业产值结构保持着较高的相关性。由此，配第和克拉克共同提出了"配第——克拉克定理"：国家在经济产值和收入水平增长的同时会促使劳动力人口从第一产业、第二产业和第三产业的次序演进。另外，根据库兹涅茨提出的产业结构演变规律，农业产业在经济结构中的比重会随着技术发展不断下降，而服务产业的比重会逐渐上升。这是因为农产品的市场需求弹性较低，居民消费中对农产品的消费比例不会随着收入水平呈正比例增长，服务性产品的市场需求弹性较高，居民消费中对服务的消费比例会随着收入水平的提高而增长。在我国，物流产业属于服务型第三产业。从广义上看，物流业包含了商流、物流、信息流等，其中包含了批发业、零售业、物流业，尤其是现代信息技术的发展推进了物流业的演化，催生了互联网新兴行业的岗位需求，如快递员、餐饮服务、电商客服等岗位。根据马克思政治经济学理论，经济活动由生产、分配、交换和消费构成，商贸物流业属于经济活动中的分配环节。在市场经济下的社会分工生产中，人们所生产的产品不完全是由自己所使用，还需要与他人生产的产品进行交换，而人人寻求产品交换会使社会运行成本过高，需要代理人通过市场的价格信号和利润信号来寻找最优配置。发达的物流业是商品经济顺利运转的基础，物流业的发展促进地区经济增长。根据奥肯定律来看，经济增长不仅会创造更多的财富，也能够提升整体就业水平。因此，物流业带动了经济增长，通过经济增长促进了就业。

　　在技术进步推动下，产业转型会促使一部分劳动人口失业。因为随着产业信息的加剧，各个产业部门更偏好于掌握特殊劳动技能的劳动者，使得部分不具备这项技能的劳动力非自愿失业。因此，产生了技术进步的创造性破坏理论。换言之，在技术进步推动下，产业结构变动会对社会就业产生两个效应，首先是由产业结构升级产生的新型岗位需求，其次是由于创造性破坏的替代作用，使得部分岗位被机器替代或者多个岗位被少量技术人员替代。我国物流产业目前发展水平较为滞后，大多数城乡地区还普遍存在传统的小型零售业和物流企业，还处于互联网化和信息化的转型过程中，技术推动下的城乡物流产业结构转型极有可能造成大批量的劳动人口失业。另外，产业结构与就业结构的演变规律存在时间滞后性，产业发展并不能迅速吸纳劳动力。而我国大城市具有严格的户籍制度，农民工难以寻找到稳定的工作，使得市场出现劳动力短缺，提高了产业结构变动与就业吸纳力的滞后性。我国的经验数据表明，尽管我国经济从21世纪开始飞速增长，物流业对经济增长的弹性作用得到逐步提升，但是随之而来产生了"无就业增长"问题。

物流业属于就业门槛较低、产业规模大的先导性行业，对于劳动力的专业要求和技能要求较低，劳动密集型和产业规模庞大的特征促使物流业能够明显推动社会就业。另外，物流业的就业方式较为灵活，能够催生大量非正规就业行为。而尽管非正规就业没有签署劳动合同，但是为信息闭塞的城乡地区或户籍制度严格的城市地区提供了自主就业的方式。根据前文的理论叙述可以得知，物流产业的现代化发展创造了新的劳动岗位，并且通过促进经济增长的方式来间接提升就业率。不过，我国物流产业发展往往是通过技术推动，就业劳动岗位可能在短期受到技术替代的挤出效应影响，以及在户籍制度的作用下，物流产业发展与就业增长的关系变化存在滞后性。

1. 政府应当扶持中小物流企业，因为中小物流企业占据了物流产业组织中的较高比例，是支撑物流产业的主体，是为社会带来经济产值以及创造就业岗位的根本。然而，在我国经济下行、中小企业融资难和税负比例失调的背景下，中小物流企业的生存环境越发艰难。因此，应当为中小物流企业建立更好的社保、税收和融资条件，加强地区商贸物流合作，通过更多的跨区域贸易来创造更多的正规或非正规的就业岗位，为当地劳动力人口创造就业环境。

2. 政府应当为物流产业的人员培训提供资金扶持。随着我国互联网化和信息化的发展，传统劳动密集型的物流业工作将转为基于信息系统的操作上，这种技术进步可能存在对就业劳动力的替代效应。因此，应该通过人员培训的方法提升相关从业人员的劳动力素质，使人才技能适应物流业互联网化商业模式的发展需要，从而提升长期的就业水平。

3. 政府开设专项资金来扶持创新技术。无论是物流业还是零售业，物流业中每一环节的技术进步都能促进生产能力的提升。如今，信息技术和互联网技术对我国内贸物流起到变革作用，从电子商务、O2O、智能物流、大数据共享、无人技术等为代表的创新性物流模式可以看出，我国物流业的未来趋势将是线上与线下结合。在这一过程中，传统物流业应主动迎合技术发展趋势，投资于"互联网+"技术与信息系统等线上应用，加快产业与互联信息技术的标准化发展，将物流系统标准化，能够让系统随时跟踪包裹的运输状态。

第三章　互联网视角下的探索

第一节　互联网视角下的物流金融

随着信息时代的到来，我们工作与生活的方方面面已进入网络时代，互联网金融的概念也应运而生，并且深刻地影响着人们的日常生活、工业生产和各项金融服务创新。在我国，互联网金融的发展时间较短，许多人并不明确什么是互联网金融，但在实际生活中已经接触其中。从整体上看，互联网金融是对传统金融方式的延伸，是新时期金融发展的必经之路。本节通过对我国互联网金融的模式、影响、本质与风险进行分析，以期对互联网金融的概念进行明确，为互联网金融的发展与物流金融技术的结合做出启示。

一、科技金融技术与粮食交易

金融技术是指进行风险评估与管理的各种方法与工具。它包括对金融契约进行风险和收益评估的具体的统计计量方法和财务分析工具；进行风险管理的各种金融工程技术与工具，如无套利分析技术、资产分解与组合技术；货币、外汇和证券等传统工具；远期、期货、期权、互换等衍生工具。

金融技术的发展水平决定着金融产品与服务的提供水平，也决定着金融市场的广度与深度。就物流金融业务而言，金融技术主要体现在如何对整条供应链的不同环节开发不同的融资产品，如何分析评估各类融资产品的风险水平，如何选择具有不同风险表现的行业组合开展供应链融资，以及如何将供应链融资产品与其他金融产品进行组合，从而将风险控制在合理的水平上。

　　互联网金融在国外发展已久，但在我国的发展却刚刚起步。近半个世纪以来，从全球金融市场来看，以各类衍生工具为代表的金融技术的发展有力地推动了金融全球化的进程。不过，目前各国金融技术的发展状况并不平衡，和发达市场经济国家相比，发展中国家，尤其是经济转型国家的金融技术还相对落后。不同的金融技术环境显然会影响到各国物流金融产品的开发与业务推广。

　　金融行业属于信息密集型行业，其发展与电子信息、技术的发展息息相关。计算机技术运用到金融领域始于20世纪60年代，最早只是用来进行后台业务的单机批处理，后来发展到联机实时处理和内部管理信息化。20世纪90年代中期发展起来的互联网技术进一步促进了金融业的网络化，逐步形成了完整的金融业信息系统。

　　目前，利用通信技术、数据处理与应用技术、系统集成技术等建立起来的金融业信息系统一般包括三个层面，以银行业为例：首先是银行内部信息系统，包括柜台业务服务网络和银行管理信息系统网络；其次是银行之间的信息系统，如统一、标准的资金清算体系；最后是银行业与客户之间的信息系统，包括自动客户服务系统网络等。

　　尽管互联网金融在本质上并未脱离金融的本质，但由于以互联网为平台载体，具有虚拟性的特点，因此具有一定的风险性，也是当前互联网金融引起金融界关注之处。如何推动互联网金融健康平稳发展，对互联网金融的风险作出评估及规避，成为当前金融专家思考的新问题，随之进行的研究工作也层出不穷，且得到了广泛的认可。本文通过对互联网金融的简单分析，以加深对互联网金融的理解。

　　首先，在我国互联网金融的模式举一个大众熟悉的例子来介绍互联网金融，就是网购，这是当前人们较为熟悉的一种购物或者生活方式，而网购所涉及的经济问题，就是通过互联网金融完成的。当前我国互联网金融的模式主要有以下两种形式和一种附加形式：其一，网络支付平台。互联网支付平台也叫第三方支付，也就是我们网购所经常使用的支付方式。第三方支付平台是通过运营商做担保，在人们进行网购时先将钱打入第三方支付账户，当收到商品确认收货后才将钱打入到商家账户上，不仅是一种便捷的支付手段，更为网络购物提供了一定的担保，方便了人们的生活。当前通过第三方支付平台完成的还有话费、水电费、煤气费等生活支付，为人们提供了便捷。其二，传统金融的延伸。作为传统金融的延伸，互联网金融主要体现在网上银行和网上金融理财业务。网上银行的作用是将传统银行的业务搬到网上，用户可以在家办理银行业务，极大地简化了到银行办理业务的程序，同时，由于有银行的担保，能够保证安全性。网上金融理财业务，是受到传统理财业务的影响而产生的网上产品。除了以上两种外，还产生了互联网金融的附加形式，即互联网金融门户，是专门为互联网金融服务的，如我们可以通过一些手机助手下载一些应用软件。互联网金融门户软件则是用于现在金融产品的平台，是互联网金融下的衍生模式。

二、互联网金融的影响

如今，互联网金融已经对人们的消费习惯、金融界的整体发展趋势以及相应的监管体系都产生了深刻的影响。随着互联网金融的发展，人们的消费习惯、理财观念等都发生了改变，如以往人们习惯了逛街购物，如今却可以选择网络购物，坐在家中等待送货上门的服务，节省了时间，深得上班族的喜爱。随着互联网金融的发展，话费、水电费等都可以通过互联网完成支付，极大便捷了生活。在理财观念上，传统理财产品流动性低，且多数都会对金额有所要求；而网络金融理财流动性大，人们可以随时将闲散资金用于理财，更新了理财观念，促使更多的人产生了理财的观念，这些都是互联网金融产生的影响。在金融界整体发展中，互联网金融的发展对以银行信贷为依托的传统金融带来巨大的投资，各大银行网上银行业务的推出，能够反映出传统金融随时代而转变的趋势。除此之外，许多企业开始涉及网络金融领域，开始线上线下共同经营的模式。

随着我国粮食购销市场化改革的深入，以"互联网+粮食交易"为购销模式的国家电子粮食交易平台在粮食市场流通、资源配置等方面发挥着重要的中介作用。为适应粮食市场化收购的新变化、新形势，很多金融机构围绕互联网发展思路，提出要坚持以客户为中心，"跟着粮食走、跟着客户走、跟着市场走"，围绕粮食交易平台流通的二手粮，大力发展竞拍贷业务。

吉林省农产品、粮食去库存的工作已启动，以最低收购价水稻。中央储备粮轮换已开始通过国家粮食交易中心挂拍，参与其中的物流企业、金融机构、互联网企业高度重视竞拍贷业务的推进工作，更有相关金融机构在充分发挥政策性金融服务国家粮食安全重要作用的同时，挖掘政策性粮食去库存给银行带来的业务增长动力。

首先，做好客户营销对接工作。各级金融机构要按照存量客户及潜在客户类型，有针对性、有重点地合理做好营销规划。对于参与互联网金融平台2021年成功支持的竞拍贷客户，各级金融机构要与企业继续保持良好沟通，了解企业今年竞拍需求，结合监管层面的竞拍贷模式政策，进一步巩固信贷关系，实现资金支持。对于潜在客户，各级金融机构要多渠道获取并梳理客户资源，结合吉林省各期下发的水稻加工企业对接名单、历年临储玉米竞拍企业名单、政策性农业银行下发的国家粮食交易中心竞拍企业摸底名单，积极主动地对接了解潜在优质客户竞拍资金需求，尤其针对营销客户过程中存在的疑难点，积极向客户宣传参与互联网金融平台的竞拍贷模式的优惠政策，各参与企业对接人员也要熟练各模块化的竞拍模式内容，灵活地为客户制订融资方案，做到银企信息共享、资金供需有效对接。

其次，提高办贷时效。各级金融机构要对目标客户及早介入、提前办贷。对于存量客户、有初步融资意向且在"互联网+粮食平台"拟支持的潜在客户积极开展信用等级评定工作，并结合企业需求合理确定授信、发放贷款。对于符合政策与法规的竞拍贷模式要求的客户，可合理使用授信审批简化流程，提高办贷效率。

最后，完善竞拍贷模式。根据"互联网+粮食平台"与物流金融业务的深度融合部署安排，金融机构更要高度重视物资供应链信贷业务的推广工作，根据各金融机构资源禀赋合理确定竞拍贷任务目标，各金融分支与平台化合作协议按照任务目标，确定完成时限、倒排时间、落实责任人，将任务分解落实到具体参与单位，确保能够按时保质完成任务目标。

当然，互联网金融不仅带来了传统金融的转型与发展，更带来了许多新的金融形式。在对金融监管体系的冲击中，主要表现在法律制度的完善发展、信息安全的关注以及对消费者安全意识的培养。

随着互联网金融的发展，许多针对传统金融模式的法律、管理制度不具有与时俱进的特性，互联网金融对其冲击是明显的；在信息安全中，则表现在与互联网金融相关的大数据安全得到加强；在对消费者安全意识的培养上，我国对互联网金融的监管，正在努力向普及的方向发展，让消费者知其然更知其所以然。

三、互联网金融的本质与风险识别

（一）互联网金融的本质

金融界对于互联网金融本质的讨论十分激烈。有学者认为，互联网金融是一种单独的金融模式。也有学者认为，互联网金融是传统金融的发展。笔者根据对互联网金融的分析，认为互联网金融的本质是对传统金融模式的发展。互联网金融是以互联网为载体的金融模式，但是载体的改变并未改变金融的本质，互联网的参与只是使互联网金融更为完善与多元化，打破了传统金融时间与空间的限制，弥补了传统金融方式在资金灵活性、操作便捷性方面的缺陷，推进了互联网金融的发展。互联网金融的本质有以下特点：一是具备金融服务的能力，这是对传统金融的继承；二是实现了网络支付模式化，提高了支付效率，而且因为网络的便捷，简化了涉及金融方面的各项程序，提供便捷的服务；三是因为互联网自身的特点，互联网金融带有明显的虚拟性、概念性。

（二）互联网金融的风险分析

1. 法律与监管的风险

在市场经济发展下，随着互联网金融的深度介入，传统监管体系的弊端日渐显露。在法律方面，一是以往法律的制定，面对当前互联网金融有许多难以企及或者不相适应的部分，容易造成法律漏洞，为市场发展造成隐患。二是在当前高速发展的互联网金融下，有许多新的变化在不断发生，面对新的情况有许多法律制定不到之处。在监管中，也暴露出监管体系、部门、原则的不完善性。

2. 信息安全的风险

在互联网金融下，信息安全显得至关重要。由于互联网金融是依托于信息技术的，信息安全问题直接关系到消费者的利益。互联网金融数据的处理都是依靠网络大数据的，因此，信息一旦发生泄漏或读写错误，就会对资金安全产生影响，而且这种变量在一定程度上还取决于信息消费者自己的操作上，稍有不慎，就会造成影响。在外部环境中，一些黑客系统的介入，也可能会造成数据的破坏或丢失。

3. 消费者身份的风险

在传统金融发展中，人们进行资金管理、投资理财等都要进行严格的身份验证，而互联网金融在这一环节中有明显的缺失，虽然操作更为简单便捷，但隐患无穷，如在消费者身份的验证下，很难获取消费者的真实身份，也不能亲自到金融机构进行身份确认或者指纹确认。我国提出要推进互联网金融向健康、稳定、持久的方向发展，国家相关部门对互联网金融的监管力度也得到了加强，这是经济社会发展的必然要求，也是金融业自身更新的必然选择。

从物流金融业务来看，这些信息系统为商业银行开展该业务提供了必要的技术基础。与此同时，信息技术的发展还为银行开发出符合物流金融业务特点的新的应用系统提供了可能。比如，开发同时面向供应链上中下游企业和物流企业的电子化交易平台。在这个平台中，可以有机地嵌入物流金融服务模块。当然，为了保证整个系统运行的安全，还需要相应的信息安全防护技术作为配套。

此外，由政府提供的一些公共信息平台，如统一的动产和应收账款担保登记系统、企业资信信息系统等，对于物流金融业务的发展同样非常重要。目前，电子信息技术的发展与金融领域的应用在不同国家同样存在很大差异，许多发达国家的银行业已经率先建成了较完整的金融业信息的采集与交易计算系统，并且开发出专门的电子交易与支付平台，相关的公共信息平台也已经向公众提供。然而，也有一部分国家的金融业信息系统尚在形成与整合之中，而且公共信息平台建设工作还没有完成。这些差异对于各国物流金融业务的发展无疑会产生大相径庭的效应。

在物流金融的技术环境处于瓶颈时，国内物流金融有强烈的企业、物流、金融间多节点数据互联，交易及融资操作流程化、线上化的技术需求。供应链上各节点的信息流贯穿整个供应链商务活动，引导着商务的发展。其中，物流是商流的继续，资金流是商流的价值体现。商务活动中实际的物资流通过程、资金流转过程同样需要信息流的引导和整合。

按照物流金融所要求的网络化信息系统，处于每个节点上的企业、物流公司、银行都能够对供应链中上游节点的业务询问或交易处理要求作出反应，并同时向下游节点的企业、物流公司、银行发出业务请求。节点上的企业、物流、银行可根据上下游节点的请求和反馈，提前安排货物输送过程和资金安排，节点间信息流在整个商流过程中起到了事前测算流通路径、即时监控商流执行过程、事后反馈分析的作用。在环环相扣的商流过程中，通过互联网的信息流简化了操作程序，减少了失误和误差，可使每个环节之间的停顿时间大幅度降低。但由于国内企业、物流、银行技术应用水平的不一致，造成目前并没有实现物流金融所要求的信息共享，物流、资金流与商流的对接，呈现出不同性质企业各自独立发展的技术孤岛现象。

作为IT技术最早应用的领域，银行金融技术经历了20世纪70年代到80年代业务操作由计算机取代手工操作。20世纪90年代初到90年代末，银行内部实现数据联网处理；2000年开始，在业务集中化处理后逐步实现网上金融服务。虽然银行信息化、网络化水平在国内行业中处于领先地位，但与异地的数据联网还处于孤立状态，而且基本是满足企业资金流的监控管理使用，并没有把资金流信息与物流、商流进行有效对接。国内物流企业IT技术经过多年发展，已初步完成仓储管理系统，运输管理系统和企业资源管理等基础业务系统建设，但还仅实现了物流仓储传统业务模式的电子化管理。作为供应链上物流的管理者，还没有实现物流在供应链上的网络化信息管理，而且物流信息与资金流信息的对接还没有实现，呈现出物流、资金流各自流转的状态。

企业是推动物流金融技术发展的原动力，但其本身的技术化水平参差不齐。供应链上的核心企业凭借经济优势，基本完成了企业ERP系统建设，所以，核心企业有着对供应链上物流企业、银行提供物流、资金流对应的全程服务的需求，以降低商务流转成本，提升竞争力。众多中小企业ERP建设或使用效率不高，可以通过物流金融推动中小企业信息化建设，提升整体供应链的技术水平。

综上所述，国内物流金融中物流、银行、企业基本完成了各节点的信息化、网络化建设，但需要几方共同推动，才能构建出数据互相流转的公共物流金融服务平台。

第二节　银行的金融创新

金融创新在近年来形成了一个体系，成为金融体系研究的重点。做好金融创新工作，能够有效促进我国金融领域各项资源的合理优化配置，并且能够使各种资源要素充足，以此来充分提升金融业核心的竞争力。随着我国市场的逐步开放以及经济全球化的发展，我国商业银行金融创新是势在必行的。

一、银行对供应链中的中小企业融资有着独特的优势

在供应链中，由于银行与企业处于一种战略关系，因此一直存在的信息不对称的问题可以得到有效缓解。各企业在供应链中的关系为战略联盟关系，因为上下游企业相对比较稳定，受到市场经营环境影响的风险比较小，因此其经营风险随之降低，企业的综合竞争力也得到了提高。而且由于存在供应链，所以银行放贷的积极性也有所提高，在银行进行零售型放贷业务时，其交易成本相对较高，如企业的前景预测及信息的收集等。但是如果处于同一个供应链中，企业之间进行信息的交流与沟通，从而产生信息聚集效应。银行和供应链中的企业进行合作时，其信息收集体成本就会有所降低，银行放贷的积极性就会更高。

此外，供应链融资模式还为各企业的信用担保创造了良好条件。因为

现阶段我国信用担保体系相对不完善，一些中小企业获得担保支持比较困难，因此，贷款难度也比较高。而供应链融资可以由供应链中的其他企业为各中小企业担保，使得中小企业的贷款相对比较容易。

基于银行主导的虚拟供应链自身有一个内在的自循环系统。由于该供应链模式是基于电子商务平台的，因此，在收集、存储及处理海量数据和各企业间的交易运作数据的收集与整理方面非常有利。基于电子商务平台对供应链中的企业交易信息数据进行全面的分析，帮助银行了解各个企业间的产业信息，从而在放贷过程中始终处于主动地位，银行可以按照一定的集成化供应链评价标准，针对供应链中的各企业进行综合评级。在银行评出优质供应链及企业后，供应链或者企业可以以评级结果为依据向银行申请贷款。评级良好的企业不仅可以贷到资金，而且也获得了银行的信用评价，并以此为基础与银行进行其他业务的合作，如第三方物流企业与银行的合作，可以帮助供应链中的其他企业展开贷款业务。基本过程如下：

供应商将其所采购的原材料存储于第三方物流企业所开设的融通仓内，在向银行提出质押贷款时可以以此为依据。银行根据融通仓所出具的相关证明材料，向有贷款业务需求的企业发放相应比例的短期贷款，然后再按照供应商企业的还贷情况向融通仓发出允许放贷的通知。

银行主导的虚拟供应链模式经过成熟的发展与运营，不仅可以改善我国现阶段的商业氛围，提高企业的诚信度，使得粗放型经营向着精细化经营转变，而且电子商务模式对于核心企业操纵供应链所产生的权利复归问题的解决也十分有利。因为计算机网络技术、信息技术在不断地发展与创新，虚拟化的运作模式也会越来越成熟，可以制订相关规则对供应链中核心企业的行业垄断做出一定限制，尽量将供应链的解散成本及重新组合的成本降至最低，使得供应链中各企业均能得到进一步发展。

二、对商业银行金融创新的分析

金融创新的提出受到了大力追捧，并逐步发展成为各个银行的核心竞争力。对于商业银行来说，在实现资源重新配置的过程中，主要是对一些金融制度、交易方式以及金融产品等方面进行全面改革，以此来实现创新目标，做好资源优化配置。我国商业银行不仅需要面对各种激烈的竞争，而且需要在经济金融全球化的趋势下，做好对各项风险的承担以及应对。所以说，做好对我国商业银行金融创新动因的分析以及思考，将会在很大程度上促进我国商业银行金融产业的发展以及进步。

1. 金融创新环境的约束

目前来看，我国商业银行金融体系存在很大的问题，主要是在金融体系上具有垄断的状况，四大国有银行不管是在机构数量、资产负债规模以及从业人员上都占据着绝对优势，这种优势也造成了一定程度的垄断，不利于金融行业的创新。社会公众是商业银行的最大客户群，由于受传统消费观念的影响，我国城乡居民的储蓄意识仍然比较强，而投资与理财的意识则是十分薄弱，导致我国商业银行业务创新受到影响，最终阻碍了商业银行的发展进步，使得商业银行不能向消费者提供优质高效的零售业务。

2. 金融创新数量多，但是质量差

在我国商业银行中，其金融创新的主体素质较低，导致创新内容十分单一，缺乏一定的内涵，最终影响了创新的发展进步。

3. 业务创新不平衡

对于我国商业银行的资金业务能力来说，主要是利用借贷的形式从中获取相关的利益，其主要组成形式则是现金资产、证券资产以及其他资产等。目前我国商业银行金融创新的动机出现了一些偏差，相关的金融机构在市场中出现了抢占份额的状况，导致市场出现了很多不计成本的金融创新状况，最终造成负利现象。近年来，在金融行业不断发展的同时，中间业务随之出现，其主要特点就是风险低、服务性强以及盈利高等。我国商业银行中间业务主要是结算、汇兑等，业务创新发展较慢，出现不平衡的情况。

三、金融创新的动因分析

1. 利益的追逐

金融机构以盈利为目的，只有有逐利的动机才能够促使商业银行进行金融创新。在我国计划经济阶段，银行设立的目的就是筹集、分配资金。随着经济体制的不断改革和深化，金融机构的市场范围越来越大，活动空间也越来越宽阔，所以逐利成为商业银行发展的动机。

2. 转嫁风险

金融创新的目的是转嫁市场风险。20世纪70年代，通货膨胀、利率以及汇率的反复波动，投资回报率有很大的不稳定性，致使各商业银行不断加大创新和研究力度，创造能够降低利率风险的金融工具。同时，高科技的发展也大大降低了成本费用，使得金融机构提高了扩张市场的动力。

3. 规避金融监管

对于金融业来说，与其他行业相比，其监管更加严格。若政府对金融业进行限制，将会直接阻碍金融业的发展，最终造成金融机构的经营困难以及利润下降。所以，对于我国商业银行来说，必须针对一些问题进行改革，以此来提升自身的生存以及发展的能力。合理规避金融监管可以避免企业资金流失，为企业的发展带来积极作用。金融机构将金融创新和监管行为达到一个平衡状态，既相互制约，又相互促进。完善金融机构的创新机制，也为金融机构的金融创新提供发展的契机。

4. 金融的自由化

金融管制部门对商业银行的存贷款利率有所限制，使得商业银行必须寻找新的利润增长点，使银行表外业务得到发展和创新。

四、商业银行金融创新的策略

1. 立足客户和市场

对于我国商业银行金融业来说，主要目的就是做好创新，以提升自身的生存能力。竞争力是决定自身生存以及发展的重要因素。商业银行在进行金融创新的同时，必须紧密联系客户，做好利益最大化的追求，最终提升自身的市场竞争力。进行金融创新，既要考虑实际情况，也要符合消费者的需要和市场的需求。

2. 坚持高起点和原创

对于我国来说，相关金融机构进行已经确定好主要研究方向后，商业银行一定要选择一些创新思路进行突破，提升自身的能力。做好技术原型的创新，要充分发挥自身独特的优势，以此做好金融创新技术。目前来看，我国的金融监管体系比较严格，因此，我国商业银行进行技术型创新还是比较可行的。

3. 平衡业务之间的创新比重

商业银行在业务上的创新要做好各个金融业务之间的平衡情况，相关商业银行必须充分提升自身的存款业务能力。对于存款产品以及业务手段的创新，主要是大力发展个人银行以及网上银行等业务，从而推出一些功能全面，能够满足客户要求的产品，更好地为客户服务。商业银行不仅要提升自身的业务创新能力，扩大业务范围，占领新的市场份额，还要积极大力发展租赁业务，开展杠杆租赁、经营租赁以及回租租赁等相关业务。商业银行可以根据自身的专业优势积极开展各种咨询业务，开展对企业和个人相关的资产管理、风险控制、负债管理和家庭理财等多种咨询服务。

第三节　互联网金融的创新表现

对于金融行业来说，在互联网模式的影响下，促进了金融行业的发展，同时也给传统的金融行业带来了冲击。互联网模式刚好可以满足金融行业的需求，可以说互联网金融已经成为金融行业发展的方向。在互联网时代的影响下，我国的互联网金融就要从长远的角度上出发，认识到互联网金融发展的重要性，促进我国社会经济快速发展。

一、互联网金融发展的现状

互联网企业通过先进的互联网与信息通透技术，对传统的金融机构进行创新，实现资金融通与支付等金融业务。同时还要明确的是，互联网金融并不是单一地在传统的金融业务中加入互联网技术，而是在保证安全与移动等网络技术的基础上被大众接受，这样也就很自然地产生出对这一金融的需求，也就出现了全新的金融运营模式。

二、我国几种互联网金融业务模式

1. 传统的金融业务实现互联网化

对于传统的金融业务实现互联网化来说，其中包含了保险、证券以及个人理财等金融机构结合互联网技术所开展的全新网络金融业务，这样也就实现了对传统业务形态进行创新。第一，将传统的金融业务与互联网技术结合在一起，实现了对金融业务的信息化升级。通过将信息保存到网络中去，可以实现对信息的高效处理。第二，在互联网技术的影响下，对原有的金融业务实现了创新，开发出全新的金融业务等。通过这种全新的理财方式，可以有效提高资金的流动性，保证资源的有效配置。第三，建立出全新的金融服务平台与机构。对于金融互联网来说，不仅可以提高金融流转的便利性与安全性，而且可以完善服务的模式，实现金融管理的信息化。

2. 互联网信用业务

对于这一内容来说，就是通过网络贷款等互联网信用业务来保证资金的有效融通，同时也是建立在网络信任机制上来实现的。通过对比可以看出，互联网信用业务有着一定的优越性，在互联网信用业务的影响下，可以保证资金的融合与循环。所以可以说，互联网信用业务是一种创新的互联网金融业务。

3. 互联网支付方式

对于互联网支付方式来说，是互联网金融中新发展起来的一种支付方法。基于互联网的支付清算体系，这种支付体系是通过第三方支付等方法来实现的，依靠移动终端智能化实现高效发展的。也正是在这种互联网支付体系的影响下，对人们的支付习惯与途径实现了创新，并广泛地运用到日常生活中。对于第三方支付体系的核心业务来说，其中包含了账户支付等支付模式，第三方支付平台作为银行与客户之间的连接点，可以实现对多个银行的集合，以此来为人们提供在线支付接口，这样也就在无形中替代了银行中的支付功能。就账户支付模式来说，通过独立的电子商务平台，可以实现支付与担保等功能。

4. 互联网金融异化业务

就我国现阶段来说，互联网金融处于上升的发展阶段，通过实现互联网与金融行业之间的融合，可以促进经济的发展。互联网金融在实际应用中，由于对创新业务等方面有着不全面的评价，很容易出现互联网金融异化业务的现象，且就这些业务来说，对金融行业未来发展是否会带来影响还是一个未知数。如在互联网金融基础上所出现的网络众筹，在原来只是通过股权众筹的形式存在，后来则是通过项目众筹与债券众筹等形式出现。从实际上来说，众筹形式异化为非法吸收公众存款，这样也就演变成了非法集资，甚至还会对金融互联网环境产生一定的影响，难以将非法行为与合法金融操作区分开来。

三、互联网金融对我国经济发展产生的影响

1. 促进了行业的快速发展

通过将互联网技术与传统金融结合在一起，可以实现对传统金融的支持与升级，促进我国金融行业的发展。不仅为金融业务的信息化提供技术上的支持，同时也实现了对金融业务流程的优化。所以，在互联网技术的影响下，可以实现对传统金融业务的创新，在网络技术的基础上所出现的新兴金融业务，也可以实现金融资源的有效配置，这些金融业务实现了对传统业务的创新。建立互联网信用体系对传统信用业务的影响是多元化的，但是对整体却没有太大的影响。

2. 对银行的冲击

在互联网金融的快速影响下，对传统金融机构造成的影响主要是针对银行部门来说的，虽然在短期中主导作用不会发生变化，但是随着互联网金融的不断渗透与发展，在未来必然会对银行部门产生深刻的影响。且在互联网金融的影响下，还会替代银行中的一些金融业务，使得银行用户向

互联网金融的方向不断发展着。

3. 促进整个金融体系的发展

对于互联网金融来说，在未来发展过程中的不断成熟，必然会对整个金融体系产生直接的影响。如金融创新与货币政策等方面都发生一定的变化。互联网金融在一定程度上可以促进金融体系的创新与发展，这样也就实现了对整个金融行业的创新，扩大服务面，提高运营效果。且对于这一影响来说，还主要体现在利率市场化的快速发展，实现金融要素价格市场化。

四、互联网金融的创新

1. 实现业务上的融合

金融行业与其他行业之间有着一定的联系，因此，可以实现对不同领域中产业上的融合，促进行业之间的快速发展。

2. 保证金融操作平台的快捷

随着互联网的不断发展，用户也会不断增加，因此要建立全面的操作平台，以此来满足不同群体的需求，提高操作效果。

综上所述，在信息时代的影响下，互联网金融已经成为必然的发展趋势。因此，在实际中就要及时改进存在的问题，做好创新与开发工作，促进金融行业快速发展。

第四章　吉林省物流金融模式创新

第一节　物流金融的模式

物流金融业务的创新性体现在对传统融资模式的改变，企业生产经营活动中现金流是企业完成采购、加工、运营、销售等环节的命脉。可以说，现金流就是企业的血液，畅通的现金流才能保证企业在整个生产供应链中有效地完成产品加工创造利润。在这个过程中，由于企业现金的收支并不在同一时间发生，导致企业在生产过程中出现现金缺口。粮食加工企业在此方面尤为突出，由于粮食加工企业现金需求量高，在加工过程中（粮食收购并进行脱水粗加工），对农民粮食的收购一般是现金结算；在运营过程中，粗加工的粮食需要专业的仓储设备进行保存，此时仓储费用所占比率较高；在销售过程中，粮食交易一般以远期交易为主，应收账款较多。

一、加工阶段的融资模式——融通仓模式

融通仓的定义分为广义与狭义两个方面。广义的融通仓，是指在工业经济和金融、商贸、物流等第三产业发达的区域创生的一种跨行业的综合性第三产业高级业态。以物流作为起点，综合发展信用担保、电子商务平台、传统商业平台和房地产开发。狭义的融通仓，是指以周边中小企业为主要服务对象，以流动商品仓储为基础，涵盖中小企业信用整合与再造、物流配送、电子商务与传统商业的综合性服务平台。下面主要探讨狭义融通仓的服务功能与运作模式。

融通仓模式的开展是对融资企业信用体系的再造，整合了融资企业面

对采购、加工、运作、零售乃至后续配套服务的全部供应链体系。尤其是在企业采购、加工阶段，中小企业易存在现金流缺口，这与全局的企业运营息息相关。

通过金融机构对第三方物流企业的统一授信，第三方物流企业可根据中小企业自身的不同特点，对其分配授信额度和建立相适应的担保体系。中小企业对第三方物流企业提供全部有效的财务数据、存货周转率、质押存货数量等信息，并以此为担保。第三方物流企业直接利用这些信贷额度向中小企业提供灵活的质押贷款业务，银行则基本上不参与质押贷款项目的具体运作。由此可见，融通仓理论为中小企业的物流方式与融资提供了全新的方式，提高了中小企业的融资效率和途径。例如，融通仓模式的开展对象是粮食企业，它以粮食企业的仓储为前提，针对粮食企业信用整合与再造，仓储物资的配送、传统粮食的营销与电子商务业务相结合，最终建立综合性服务平台。在这个平台的支持下，物流以及仓储企业成为传统粮食生产企业与金融机构的有效衔接。融通仓以此获得该金融机构的统一授信，为中小型粮食加工企业在各个运营阶段出现的资金缺口提供融资，提高中小型粮食加工企业的生产效率和信用等级，也为其今后业务开展中的融资业务提供参考依据。

融通仓模式为粮食加工阶段提供创新性的融资模式。

首先，融通仓得到金融机构的授信，可独立向粮食加工企业贷款。此时，融通仓可直接与融资方进行业务沟通，组织工作人员进行谈判并签订以在仓存储的粮食为质押物的贷款合同。粮食加工企业接受融通仓对质押物（已收储的粮食）进行监督管理，并由双方签订在仓质押物的监管合同。

其次，粮食加工企业在收购、加工的同时完成融资贷款。融通仓快速完成了企业贷款和质押物监管两项业务，是对传统质押贷款业务的创新和整合，使融通仓可以直接针对粮食加工企业贷款，提高贷款业务的运作效率。在质押期间，可以不断进行补库和出库，企业出具的入库单或出库单需要经过金融机构的确认，然后融通仓根据金融机构的入库或出库通知进行审核。

最后，在整个融资模式的运营中，只需融通仓对粮食加工企业进行审核、调研、监管，省略了大量中间环节，融资速度较快，做到现场收粮现场放款，弥补了因现金流产生的资金缺口。

融通仓为中小型粮食加工企业进行融资，参与整个流程，对各个生产环节加强了管理，充分发挥了它的独特作用。融通仓通过物流、融资、资金结算和风险管理等职能来加强供应链管理。融通仓职能主要有：

1. 融资职能

融资职能是融通仓最基本的职能，实际覆盖范围可涵盖采购、加工、仓储、运输、运营、销售、后期跟踪服务所有环节。无论哪一个环节出现资金缺口，都可以相应提供资金支持。针对粮食加工行业的特点，这一职能在采购、加工阶段尤为显著。

2. 资金结算职能

融通仓模式为企业在多环节的清算交收提供支持。融通仓在企业实际业务中贯穿整个供应链过程。除了传统交易方式之外，融合金融机构、第三方物流企业、仓储机构、财务审计等多个相对较新的环节，产生多处资金清算、货物交收业务。融通仓利用金融机构对其统一授信，可以直接参与企业的生产加工，起到了金融机构在加工现场，快速完成资金划拨、业务结算的快速结算模式，提高融通仓业务的增值服务。

3. 风险控制职能

融通仓由于得到金融机构的统一授信，直接面向融资企业，可以更为真实和详尽地对融资企业进行审计、监管、信息处理。尤其是中小企业往往存在财务制度上的缺失和数据信息的管理不善，导致金融机构很难实际掌握真实资料。融通仓代替金融机构完成这一过程，降低银行的信贷风险。同时，融通仓涵盖了融资企业的各个业务环节，也就对各个环节的风险加强了控制，使第三方物流企业、融资企业、中介机构等单位风险降低。

融通仓系统主体包括第三方物流企业、金融机构、融资企业、供应链主导企业等。系统主体间关系如图4-1所示。

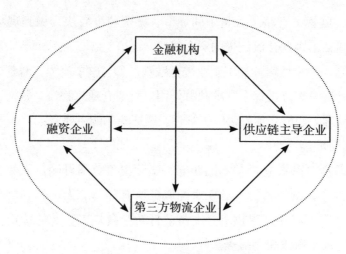

图4-1　融通仓系统关系图

二、运营阶段的融资模式——存货质押模式

由于原材料、半成品等动产的强流动性以及我国法律对抵（质）押生效条件的规定，金融机构在对动产的物流跟踪、仓储监管、抵质押手续办理、价格监控乃至变现清偿等方面面临着很大的挑战，给金融机构贷款带来巨大风险。因此，动产一向不受金融机构的青睐，即使中小企业有很多动产，也无法据此获得贷款。

存货质押融资本质上是一种基于存货的物流金融业务模式，其基本思想是融资企业以在仓储备的存货为质押物向金融机构融资；金融机构将质押物交由双方共同认定的具有仓储资格的第三方物流企业保管，并以此为质押物向融资企业贷款，完成融资业务。

一般来说，存货质押融资业务分为仓单质押融资和保兑仓业务两种。

仓单是一种商品证券，是由仓储企业开出用于证明存货持有人对仓储物资拥有权的法律凭证。对仓储业务而言，仓单是一种存单；对仓储物资持有人而言，仓单是一种提货单。

仓单质押融资模式的本质是，存货持有人、金融机构、第三方物流企业、仓储中介以《担保法》为法律依据，在多方自愿、平等的前提条件下，以融资业务为纽带，以金融机构为出资方、仓储企业为监管方、存货持有人和第三方物流企业为运营方开展的一种信托关系，目的是完成存货持有人与金融机构的融资业务。

仓单质押模式中，融资方以其拥有的动产作为担保，向金融机构进行质押获得贷款。在这一过程中，一般由金融机构指定具有合法资质的仓储中介或者第三方物流企业为质押物进行保管。因此，这种融资模式在企业的运营过程中应用效果非常明显。常见的业务模式主要是垫付货款模式。垫付货款模式是指"银行质押贷款业务"。在货物运输过程中，发货人将市场畅销、价格波动幅度小、处于正常贸易流转状态的产品作质押转移给银行，银行根据市场情况按一定比例提供融资。

在粮食加工企业中，中小企业的生产运营活动涉及到粮食的采购加工和仓储业务，尤其是粮食的仓储业务，因为存在批量性收购和季节性仓储等特征，这类存货在仓储时期占用了大量资金，形成了企业运营过程中的缺口。通过仓单质押融资模式，以在仓储存的粮食为质押物向金融机构贷款，可以很好地缓解这种资金缺口。在业务开展中，对融资的中小型粮食加工企业而言，可以多次向金融机构偿还贷款，改变过去一次性还款带来下一个资金缺口的局面。对金融机构而言，根据融资企业的还贷情况向其提供仓储粮食的提货单（存单）。对第三方物流企业或仓储中介机构而言，可以依据金融机构提供的提货单向融资企业发货，同时第三方物流企业向金融机构提供翔实的存货进出仓凭证，对仓单质押的存货进行数量上和质量上的监督、保管。由于粮食等农产品商品的特点，存在储存条件严格、市场价格波动的特点，由第三方物流企业为质押物的价格提供评估数据，减少金融机构的工作量，也在一定程度上控制了质押物在市场中的变现风险。

仓单质押模式融资在粮食加工企业中的运用具有以下优势：

1. 有利于粮食企业在运营中缓解资金压力。
2. 有利于粮食企业为后续的销售服务提前制订资金预算。
3. 有利于评估粮食农产品期货与现货市场的价格。
4. 以标准化仓单作为质押获得融资，可以在期货市场对冲回避风险。

5. 通过第三方物流使融资企业和金融机构更好地合作。

仓单质押业务是物流金融创新服务中较为成熟的模式。在我国，仓单质押业务在建材等行业已有所涉及，但针对农产品，尤其是粮食加工企业开展得相对较少。此外，各农业大省彼此之间可参考借鉴的经验教训和案例较少，使得开展这种创新业务的金融机构承担着较大风险。

开展仓单质押业务风险控制的重点是严格审计各项财务指标和仓储数据；规范化操作流程；对业务开展要从事前、事中、事后及后续服务几个方面进行审核。目前仓单质押业务主要有两种运营模式：一是以已经购买的存货作为质押物进行融资的模式，即上文所描述的操作；二是以远期交易的商品为质押物进行融资的模式，即先票后款的保兑仓模式。

对已购买存货为质押物的融资模式而言，其操作流程如图4-2：

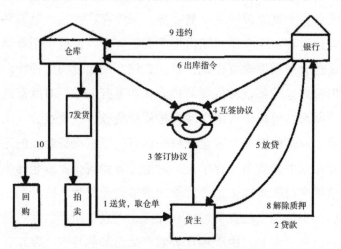

图4-2 存货仓单质押融资流程图

银行首先选定第三方物流仓储企业（仓库），然后与融资方（货主）签订仓储合约，其中附注存货入库前检验报告和特殊存货仓储的要求，同时仓储企业出具存货提货单为法律凭证。

融资方以提货单为商品证券向银行申请贷款，银行对仓储存货进行验收并由三方签订协议，对提货单（仓单）背书交由银行保管。经审核具有法律凭证效用的提货单由银行保管，储物资由第三方物流仓储企业保管，但使用权为银行所有。存货进行周转需出具《进出库协议》，该协议可由银行签发或者由融资方签发，但必须经过贷款银行同意。银行根据存货的市场价值通过折算率换算贷款为一定比例的现金，也可签订协议对存货价值进行二次估算并重新评估。

融资方到期不能偿还贷款，银行依据协议处置仓储存货。由第三方物流仓储企业进行存货拍卖，偿还银行信贷资金。融资方到期偿还贷款或分批次偿还贷款，银行可将提货单交给融资方，并同时依据协议对存货出库。

保兑仓模式本质上是一种订单融资，是对仓单质押业务的延伸。以企业已经签订的有效《购销合同》（商品订单）为依据，为该合同所指的业务发放全封闭式贷款。

该模式的特点是先票后货，即银行在经销商交纳一定的保证金（该款项应不少于经销商计划向制造商在此次提货的价款）后开立银行承兑汇票，收票人为生产商，专项用于向制造商支付货款。生产商在收到银行承兑汇票后按银行指定的物流企业仓库发货，货到仓库后转为仓单质押，物流企业根据银行的指令分批放货给经销商。在此过程中，第三方物流仓储企业提供承兑担保，经销商以货物对第三方物流仓储企业进行反担保。

保兑仓以银行承兑汇票为结算工具，适用客户较为广泛。例如，家电、农产品等在物流中需大规模仓储商品的生产商、经销商。物流企业给客户提供金融担保服务，可以成为一项物流增值服务的项目。但对于粮食企业来说，目前我国针对粮食等在仓储过程当中，需特殊保管的物资没有完善的银行贷款业务，也就无法就其信用额度进行评估。然而，开展农产品仓储业务的物流企业却有完善明晰的商品质量、进出货物明细以及相关企业以往的信用额度。在粮食企业方面，由物流企业作为担保方进行操作，以商品进行质押开展保兑仓业务是可行的，而且这种模式在国外的物流企业与金融机构已经广泛地开展。

保兑单融资模式是第三方物流仓储企业、金融机构、融资企业三方紧密合作完成的。由于保兑单融资模式是先票后款的形式，本质上是以拟购买的商品为仓储存货进行质押。这一过程中，第三方物流仓储企业起到了关键作用，其不仅为存货提供仓储保管的职能，在融资方无法偿还贷款后还需要对存货进行拍卖来弥补银行的损失，无形中使第三方物流仓储企业成为业务开展的核心。由于第三方物流仓储企业一般为银行长期的合作者，通过保兑单业务的开展，其在银行的信用评级体系中将不断提高企业自身的信用等级，长期合作更有利于保兑单融资模式的完善。具体的操作流程为：

1. 买卖双方签订购销合同，共同向经办行申请办理保兑仓业务。

2. 买方在银行获取既定仓单质押贷款额度，专门向该供应商购买货物。

3. 银行审查卖方资信状况和回购能力。若审查通过，签订回购及质量保证协议。

4. 银行与仓储监管方签订仓储监管协议。

5. 卖方在收到银行同意对买方融资的通知后，向指定仓库发货，并取得仓单。

6. 买方向银行缴纳承兑手续费和首次30%承兑保证金。

7. 卖方将仓单质押给银行后，银行开出以买方为出票人、以卖方为收款人的银行承兑汇票，并交予卖方。

8. 买方缴存保证金，银行释放相应比例的商品提货权给买方，直至保证金账户余额等于汇票金额。

9. 买方获得商品提货权，去仓库提取相应金额的货物。

循环⑧~⑨，若汇票到期，保证金账户余额不足，卖方于到期日回购仓单项下剩余质押物（如图4-3）。

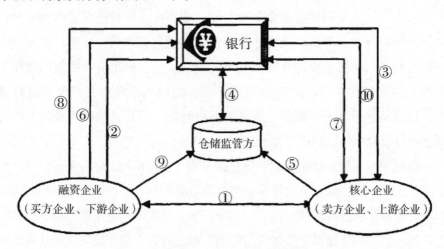

图4-3　保兑仓融资流程图

三、销售阶段的融资模式——应收账款模式

企业的销售阶段处于供应链末期。在这段时间，生产企业为了向下游企业销售商品，往往允许下游企业不直接支付现金，以在未来约定期限结算，这就产生了应收账款。

生产企业作为供货商，此时易产生资金缺口，主要表现在四个方面：一是供货商在销售过程中存在人力资源、物流运输、包装仓储等资金流出；二是供货商在供应链生产末期将开始对下一个生产周期进行资金投放；三是对运营过程中开展的仓单质押融资支付第一笔还款或者利息；四是供货商存在对上游企业应付账款到期的可能。在这种情况下，作为销售者的供货商资金压力较大，用未到期的应收账款为依据向金融机构进行贷款融资，能很好地解决这一困境。

物流金融的应收账款融资模式是建立在处于供应链上游的销售方（融资企业）、供应链下游的客户（为销售方反担保的债务企业）和金融机构三方面共同参与完成。这一模式使下游客户处于融资环境的中心，成为核心企业。金融机构对销售方的贷款融资正是建立在下游客户良好的信用等级基础上完成的。如果销售方在上游出现还款难情况，客户将承担向银行弥补损失的责任。

这一融资模式的优势显而易见。上游销售方作为融资人，通过应收账款融资解决了可能出现的资金缺口，处于下游的客户成为债务企业，承担反担保责任。但由于其购入商品时并未支付现金，而只形成了对方的应收账款，使其缓解了资金压力。金融机构在这个过程中有效地转移了风险，降低了损失，以此实现了三方共赢的局面。其中金融机构只需要将风险评估的重点放在客户身上，对债务企业进行有效的信用等级评价，并依据此评价为今后开展相似业务提供数据支持。

实质上，大多数中小企业都会在生产交易过程中形成应收账款，由信用度较高的下游企业作为反担保，中小企业可以及时获得商业银行提供的贷款，不但有利于缓解中小企业资金链紧张的问题，而且促进整个供应链的竞争力，更有利于商业银行改善不良的集中信贷结构，提高贷款收益率。下游

企业的高信用度和盈利能力使上游中小企业、银行和自身在整个生产销售环节末期都解决了各自的资金缺口和风险控制，形成三方共赢模式。

应收账款模式融资操作流程如图4-4。

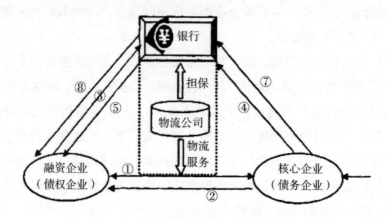

图4-4　应收账款模式融资流程图

注：图中虚线部分指如有必要，物流公司可以提供附加担保，以降低银行风险。

具体的融资操作流程为：

1. 融资企业与核心企业签订商品买卖合同。

2. 融资企业收到核心企业的应收账款单据。

3. 融资企业将应收账款单据质押给银行。

4. 债务企业向银行出具应收账款单据证明。

5. 银行贷款给融资企业。

6. 债务企业销售产品，收到货款核心企业成为债务企业及付款承诺书。

7. 债务企业将应付账款金额支付到融资企业在银行指定的账号。

8. 应收账款质押合同注销。

应收账款的融资工具主要有保理、商业承兑汇票贴现、应收账款质押贷款等。保理是指卖方（供应商或出口商）与保理商之间存在一种契约关系。根据该契约，卖方（供应商或出口商）将其现在或将来的基于其与买方（债务人）订立的货物销售或服务合同所产生的应收账款转让给保理商。商业承兑汇票贴现是指持票人将其合法持有的商业票据转让给银行，银行按票面金额扣除贴现利息后，将余额付给持票人的票据融资行为。应收账款质押贷款是指借款企业以其销售形成的应收账款作为质押，向银行申请的授信。

于是，可以归纳三种应收账款融资工具的差异点为表4-1。

表4-1　应收账款融资工具差异对比表

品种	应收账款质押	商业承兑汇票贴现	应收账款保理
信用风险	卖方信用决定第一还款来源，买方信用是支持与保证	卖方信用决定第一还款来源，买方信用是支持与保证	以买方信用为基础，买方信用为风险来源
授信操作	单笔审批	占用开票行同业授信额度	保理额度内循环使用
质押物	应收账款	银行承兑汇票	无
债权转移	不转移	不转移	转移于保理商
担保条件	需要其他担保条件	需要提供担保条件	不需要任何担保条件
法律依据	《担保法》	《票据法》	《国际保理业务通则》
适应范围	业务交易少，期限长	与大型企业交易较多的国内贸易	与信用良好国际企业合作

第二节　从政策性银行角度阐述的物流金融+粮食

一、吉林省粮食市场旺季粮食收购形势分析

（一）秋粮收购启动早，进度平稳，没有明显的高峰

受8月份3场台风对农作物影响，2020年吉林省旺季种粮主体，尤其是合作社、种粮大户的玉米普遍提前收割，部分主体比往年提前半个月以上。玉米销售进度较为平稳，元旦前、春节前等传统集中售粮高峰期特征不明显。2021年元旦前、春节前一个月的社会收购量分别为156.1亿斤、80.5亿斤，"两节"前收购量较2019年旺季同期降低59亿斤。

（二）收购主体多元，入市意愿强烈

旺季初期，粮价持续上涨导致挤出效应增强。在利益驱动下，目前粮

食市场收购主体日趋多元，既有传统贸易商、深加工企业，又有新兴合作社、非粮食企业等更多主体参与收购，但其收购数量相对较少，一般不超过1万吨。经过政策性金融机构前期实地调研，一些地区的小烘干塔通过引入第三方资金进行粮食收购，其单户储存数量不多，但户数较多。此外，由于淡季无竞拍粮补充库存，深加工企业收购意愿强烈，通过自主收购、委托贸易商代储等方式积极锁定粮源。

（三）销售主体、生产主体均能实现正向收益

一是农民种植收益及成本同比均增加。通过对46户农户抽样调研，目前由于玉米价格的快速上涨，26.1%的种粮农民种植玉米的积极性有所提升，其种植意愿向综合收益更高的玉米倾斜。农民出售玉米价格为1.17~1.25元/斤，同比增加0.4~0.47元/斤，亩均种植收入增加700元。同时，2021年玉米预估种植成本较2020年普遍提高，其中租地种植者平均增长320元/亩，其中主要因素是地租的增长，由2020年平均620元/亩上涨为2021年平均900元/亩。二是加工企业仍能保持盈利水平。面临目前粮价较高的情况，省内部分玉米深加工企业使用前期竞拍的低成本粮食用于加工，以降低生产成本，保持一定的利润空间。其中淀粉加工企业的产成品价格在3500元左右，盈利水平为吨粮60元左右；酒精生产企业产成品价格在7900元左右，盈利水平为吨粮600元左右；饲料加工企业产成品价格在2750元左右，盈利水平为吨粮80元左右。

二、支持秋粮收购的措施

（一）立足四早，做好秋粮收购各项准备工作

一是早布局。2020年7月份，政策性金融机构开展重点客户高层对接月活动，累计对接企业251户，达成合作意向企业174户，拟开设收购库点396个，实现粮食主产县全覆盖，可以满足农户就近售粮需要。二是早办贷。按照"淡季审贷、旺季放贷"原则，整合全行骨干力量，从7月开始提前开展秋粮贷款调查工作，旺季收购前已启动调查177户，占全部对接客户比例超九成，完成贷款审批70户，金额78.7亿元，到12月已基本完成贷款审批工

作。三是早出政策。2020年年初，协调相关成员单位对信保基金政策进行修订，扩大贷款对象、范围、用途等内容，完善秋粮基金办贷制度支撑。结合吉林省粮食市场形势和粮油信贷工作实际，10月份及时下发年度秋粮收购意见，明确今年秋粮收购工作总体要求，提出要做到"四要""四个稳中有进""四好"，并结合市场化贷款专项审计问题，举一反三，对"购销合同真实性""双结零真实性"单独制定了新政策。四是早放贷。结合粮食价格走势，政策性金融机构提前安排信贷资金，切实做到"钱等粮"。截至2020年年底，旺季累放贷款81.29亿元，完成总行年末任务152.6%。

（二）坚持主责主业，全力支持好秋粮收购

一是全力保障政策性资金供应。对于中央储备粮、省级储备粮增储轮换资金需要，开辟绿色通道，按照不低于10天收购量发放铺底资金。2020年旺季以来，累计发放政策性贷款35.91亿元，充分发挥政府储备稳定市场"压舱石"作用。二是积极支持市场化收购，发挥资金供应主渠道作用。旺季以来，累计审批市场化客户117户，同比增加13户，累计发放市场化贷款80.98亿元。2018年旺季以来，累计3年超过政策性贷款投放。三是加大对粮油产业支持力度。主动营销省内重点加工企业，旺季以来，累计支持省内重点产业化龙头企业19户，同比增加8户，审批贷款39.82亿元，发放28.31亿元，保障产、加、销一体化经营的流动资金需要。在提供直接信贷支持的同时，通过卫星库点模式支持代储粮源企业，切实解决加工企业淡储粮源需求。

（三）践行客户中心理念，持续推进重点客户工程

一是完善客户对接要求。旺季以来，先后两次下发客户营销方案。《域内优质客户营销活动方案》，侧重对全省潜在客户进行摸排对接，累计对接粮油客户268户，确定积极支持推进客户68户。《关于持续推进优质客户营销工作的通知》，侧重挖掘优质资源客户，其中粮油客户累计营销对接21户；正式进入办贷流程11户，其中已审批落地6户；累计下发通报8期。二是加强调度，努力打造高质量客户群。逐客户明确对接责任人和时间表，实行单周调度省分行专业条线、双周调度二级分行机制，持续推进客户营销工作。除传统粮油购销、加工行业以外，客户行业首次涉及粮食种植、饮料和食品生产、化肥生产等多维度领域。三是用足用好总行政策拓展优质新客户。围绕"四类客户、一类区域"（总行白名单客户、央企客户、优质省属企业客户和市县重点企业客户、乡村振兴重点区域客户），充分利用中小微企业、扶贫贷款政策，在优质客户营销上实现突破，首次与知名企业建立信贷合作。四是优化办贷流程，提升金融服务质效。实行客户首接负责制，为客户提供一站式、一体化的信贷服务和产品。简化办贷流程，坚持组合办贷模式和办贷组件"清单式"办贷机制。

（四）履行政策职责，统筹推进扶贫小微疫情防控工作

一是坚持扶贫力度不放松，做好乡村振兴与脱贫攻坚有效衔接。严把扶贫贷款认定关，创新使用电商扶贫模式，提高亿元以上贷款带贫质效。二是积极落实普惠小微工作要求。运用玉米信用保证基金、贷储分离、竞拍贷等风险可控的业务模式，多措并举支持小微企业发展。三是有效做好常态化疫情防控信贷资金供应。

（五）坚持合规为先、风控为要，保持粮油信贷资产质量良好态势

一是加强二级分行审批贷款业务指导把关。通过信贷业务信息共享机制，对二级分行审议通过贷款事项审阅把关，实现对全省信贷审批事项风险的总体把控。二是加强价格监测，防控市场风险。建立主要粮食品种价格监测机制，按周通报监测结果，指导各级行准确把握贷款投放进度。对玉米收购企业建立市场化贷款监测台账，监测库存成本、经营模式、销售渠道等项内容，对库存成本偏高、销售渠道一般的下发提示函，要求相关行督导企业快购快销、增加锁定利润合同或适当增加自有资金比例。三是加强市场化贷款管理。从把握贷款投放节奏、加强贷后管理及风险监测、做好促销收贷、重视舆情管控等方面加强市场化贷款管理。

三、2020年度秋粮收购过程中遇到的问题

（一）政策性粮食收购同比偏慢

受粮价持续上涨因素影响，中储粮食轮换暂停或推迟，收购进度同比偏慢。

（二）粮食市场风险凸现

2020年旺季，玉米价格持续上涨并高位运行，3月中旬以来出现阶段性回落，个别企业库存成本高于市场价格。玉米价格持续南北倒挂，当地销售转化比例高，可能出现局部供过于需、进一步打击市场价格、减缓销售进度的现象，进而影响贷款双结零。

（三）调低收购贷款累放额

收购贷款核定从以往核定累放额和余额调整为仅核定贷款余额，收回再放时需要重新调查并上会审批。与以往收回后可以根据企业用款申请发放相比，延长了办贷链条，增加办贷时间，企业通过贷款实行快购快销需求下降，贷款累放同比减少。建议从制度上允许收购贷款可以循环使用，通过坚持先款后贷把握实质风险。

四、物流金融业务创新推广及成效

（一）立足省内四种有效模式，防控市场风险

为积极应对2020年粮食价格大幅上涨带来的市场风险，2021年旺季政策性金融机构以"锁定粮食销路、看住粮食库存"为核心，积极推广南北协作、卫星库点、贷储分离、信保基金四种有效模式。

（二）多种业务模式纳入总行供应链金融模式，全力做好供应链金融等总行创新模式落地

一是政策性金融机构"核心企业+合作社"的订单贷模式被总行供应链模式直接采用，南北协作、卫星库点模式被总行定购贷模式吸收使用。二是总行下发物资供应链信贷方案后，政策性金融机构立即着手落实工作，现已形成《关于推广物资供应链信贷业务的实施方案》，明确总行供应链模式任务、对接安排、办贷要点及要求，征求意见后将及时下发指导各行做好落地推广工作。

新时期，新业务的推广取得了相当的成就。一是支持收购份额好于同期，完成进度快于时间进度，预计能达到50%目标。二是支持粮食市场化改革效果显著，实现社会效益与银行效益良性互动。三是继续保持粮油信贷

业务健康发展。

第三节　吉林省物流金融服务粮食工业的总结

经过10余年的发展，吉林省开展物流金融方兴未艾。作为从物流产业链整体出发，运用金融科技手段将核心企业和上下游企业联系在一起、灵活金融供给的一种新服务，它既为金融机构、物流企业以及第三方物流服务等各方面紧密合作搭建平台，也伴随着传统商业银行转型、新型互联网金融模式而向前发展。相对于传统金融，物流金融的信息整合度较高，效率和成本的整体优化性较强，可以作为促进金融服务便利化、助力传统行业提质升级、推动农业和粮食产业链发展的重要抓手。

一、科学认识物流金融，推动粮食物流金融创新

准确把握物流金融的内涵和发展方向。现代流通体系不仅要求货物流通顺畅，也要求与货物流通相对应的资金流保持顺畅。物流金融可以通过产业链整体切入，利用核心企业的信用为中小企业提供资金，打通融资堵点。物流金融具有融合属性，针对物流不同参与者、不同阶段、不同时期提供的综合性全面融资解决方案，起到物流金融和贸易金融的乘数效应，使各方合作能达到共赢效果。以粮食物流金融为例，这一融合型金融产品及服务能让银企有效对接、企业交流互动、资源信息共享。相关银行大力拓展物流金融业务，构建良好金融生态，疏通业务链条堵点，补强业务链条弱点，为农民增产增收、粮食企业搞活经营、粮食市场保供稳价作出更大贡献。

二、提升一揽子综合金融服务质量，稳步推进物流金融发展

物流金融应坚持提高物流产业链运行效率，降低企业成本，服务于物

流产业链完整稳定，支持产业链优化升级和国家战略布局。市场主体应立足于各自专业优势和市场定位，加强共享与合作，维护市场公平有序，促进产业良性循环。对金融机构来说，加强与实体企业信息共享协同、提升产业链整体金融服务水平、提高物流融资结算线上化和数字化水平等既是发展要求，也是工作任务。要更好地整合物流、资金流、信息流，积极构建在真实交易背景下的物流核心企业同上下游企业一体化的金融供给体系和风险评估体系，以利于对产业链上的有关企业结算、融资、财务管理等综合需求快速响应，做到降低企业成本、提升产业链各方价值。

三、聚焦深层次合作，让服务更具特色和针对性

相关政策明确，物流金融应以服务物流产业链完整稳定为出发点和宗旨，顺应产业组织形态的变化，加快创新和规范发展，推动产业链修复重构和优化升级。一是强化物流金融对国家战略布局及关键领域的支持力度，突出市场在资源配置中的决定性作用，以更具特色和针对性的服务，促进经济结构调整，提高中小微企业应收账款融资效率，提升流动性管理水平和物流金融业务效能。二是对农业和粮食以及先进制造业、现代服务业、贸易高质量发展等领域中的核心企业，相关金融机构、债券管理部门可深化探索绿色通道等模式，及时响应融资需求。

四、不断优化金融资源，推动金融仓储高质量发展

积极助力国家和区域经济在"十四五"期间乃至更长时期内实现高速高质量发展，是金融业责任所在、使命所系。更好地服务地方经济，就必须着眼于国家利益、地域特点、社会责任和大众需要，贯彻落实好高质量发展要求，谋求自身发展与追求社会价值的高度统一，充分发挥出在全面振兴、全方位振兴中的担当作用。结合吉林省区域经济特点，金融机构应探索物流金融为粮食工业发展进行服务的新方式、新模式，坚决扛稳国家粮食安全重任，全面实施乡村振兴战略和新时代吉林振兴发展提供坚实保障。

吉林省是我国重要的商品粮生产基地，"粮头食尾、农头工尾"特色鲜明、潜力无限。金融机构和相关方面应立足于粮食产业链和价值链协同高效、融合发展，促成产销区粮食企业间深度业务合作，打造集粮油产供销为一体的产业链条，推动粮食全产业链发展。一是加强与吉林区域发展战略的衔接，创新现代农业金融服务，构建大宗农产品仓储体系，加大物流设施和物流体系建设，为粮食收储企业搭建金融仓储合作平台。二是立足"南北协作"有效模式，通过与南方大型加工企业合作，提高省内优质收储企业的经营能力、市场竞争力和抗风险能力，确保金融机构信贷资金安全，推动南北资源、要素优势互补。三是贯通上下游物流，建立围绕深加工企业原粮供应的"多点储存"模式，通过有效提升信贷及监管质量、保障加工企业淡季粮源储备、事先签订销售合同锁定渠道和利润、支持地方国有粮食企业发展改革等务实举措，实现多方共赢。

第五章　从制度角度看物流金融

　　完善的法律环境对于信贷市场的发展意义重大，良好的信贷人权利保护和信贷市场发展之间存在明显的正相关关系。

　　物流金融业务主要是资产支持型信贷业务，因此，上述有关信贷人权利的法律安排，尤其是涉及动产担保物权的安排，将直接影响物流金融机构开展此类业务的安全性，进而决定物流金融机构开展此项业务的积极性。这里的"动产担保物"是广义的，指根据担保合同约定用以担保债务履行的任何动产，包括应收账款、存货和其他种类的无形资产，如知识产权或任何特定的或非特定的动产类别，包括可归属于担保物的动产。

　　现代高效率的动产担保交易法律应具有以下四个基本特征：

　　1. 可供担保的资产范围界定宽泛

　　动产交易法要能最大限度地发挥功效，必须对可供担保资产的范围有宽泛的界定，涵盖任何性质的、有形的和无形的、尚未存在或债务人尚未拥有的未来资产以及不断变化的浮动资产。对债务人向债权人授予的用较少担保债务人债务的任何动产物权，应该由一个单一的担保物权概念来表示。此外，必须对担保物进行一般性和类别性描述，以便能在未来资产和浮动资产上设定动产担保物权，这是现代存货融资和应收账款融资的先决条件。

　　2. 对设立动产担保物权的规范性要求应尽量简化

　　现代动产担保法律承认交易各方能够通过合约设立动产担保物权。除公共政策的限制之外，当事人应有合约，通过合约对设计合同关系的任何事宜进行定义，包括对声明和保证条款、违约事件和救助措施的约定。

　　3. 明确而全面的优先权规则

　　一项有效的、可执行的动产担保物权，只有在"有效确立"之后才能产生对抗第三方的优先效力。优先权规则一般包括一项基本原则，即"时间优先、受偿在先"（指最先登记或获得对抗第三方效力的动产担保物权的债权人具有优先受偿权），以及一系列面向商业和社会需要而设立的特别规则。这些特别规则对于基本优先权规则的一些例外情况进行了规定，包括对于善意资产的确认，是否以符合市场评估价格进行交收，同时在相关登记机构进行登记。此外，根据法律或司法程序对担保物持有非合意留置权的债权人，如司法机关、税务机关，应当同样受制于"时间优先、受偿在先"的原则。

4. 集中统一的公示系统

动产担保的公示性登记系统有两个作用：第一，向第三方公示动产担保物权的存在；第二，根据登记的日期确定动产担保物权的优先受偿顺序。高效的动产担保物权公示机制应当具备一套集中化的登记系统，负责所有类型动产担保物权的登记。

第一节　物流金融风险的防范与法律制度的完善

在经济全球化快速发展的背景下，物流金融风险及其相关法律制度之间的关系越来越紧密。很多学者都做过二者之间关系、法律制度制定方向等方面的深入研究。随着我国市场经济体制不断推进改革，也更加重视物流金融行业风险防范措施的革新探究以及相关法律制度的优化探索。通过加强对二者理论、实践研究与探索，不仅能够为我国物流金融行业构建健康的市场环境，也能够为各物流金融企业的稳定、可持续发展提供有力保障。

一、物流金融风险产生的主要原因分析

第一，政府监管方面的原因。在社会经济飞速发展的背景下，我国政府越来越依赖市场的调节能力，进而导致物流金融行业的外部监管力度不断降低，而这种极端的管理理念在物流金融市场中的表现也越来越显著，且其理论的影响力也在不断提升。对于物流金融市场来讲，失去了有效的

外部监管，会导致物流金融行业无法紧跟市场经济的发展脚步，难以产生理想的效率，需要面对的风险也会逐渐增多。

第二，物流金融系统方面的原因。在物流金融行业发展过程中，随着各项业务的不断繁荣，也会产生更多新颖的物流金融产品，而这些产品在发展过程中，由于市场具有很强的流动性，而且很多参与者将已产生的利润作为最终的获取点，进而导致很多人的参与及投资欲望不断提升。这些因素对证券化产品的产生、发展都具有一定的促进作用，但是在短期内，面对的风险系数会不断增加。同时，对参与者与投资者的信用也会起到一定的促进作用。

第三，员工方面的原因。物流金融企业的经营、发展都与员工有着紧密联系，而作为企业的重要人力资源，员工的行为对企业未来的经营、发展情况有着直接影响。

二、物流金融风险类型与风险特征探究

第一，物流金融风险类型。就我国物流金融行业发展现状来看，存在的风险类型主要体现在以下三个层面：

首先，物流金融信用风险。作为较为重要的风险类型，该风险主要产生于高增长期，相比于其他金融风险，具有较强的集中性。

其次，物流金融流动险。这种风险主要是由于资金、合格贷款的借贷需求无法得到满足而产生的。

最后，物流金融经营风险与外界影响。外界环境的各种动态变化会给物流金融行业的发展带来各种风险，再加上物流金融操作方面带来的风险等，这些风险类型都是物流金融企业经营管理中较为常见的，并严重制约着物流金融行业的健康、稳定发展。

第二，物流金融风险特征。对于可能对物流金融行业带来严重负面影响的各种风险来讲，各企业要想取得良好的风险防范效果，就必须从不同方面入手。而在各项防范措施实施过程中，产生的较为明显的特征有以下两个方面：

一是多样化目标。物流金融行业的发展与国家政策有着显著的一致性，这也体现出了国家实施的各项宏观调控政策会对该行业的发展产生重要影响。在这种背景下，在制订风险防范目标的过程中，就必须注重与宏观调控政策的有机整合，呈现出显著的多样化特征。

二是主体独特性。通常情况下，政府在设立专业化的物流金融监管部门风险防范主体时，会对其物流金融环境的维护以及相关规章制度方面的具体情况进行综合考虑，这也充分体现出在防范物流金融风险过程中防范主体具有的独立性特征。由于各项风险防范工作的落实以及各种物流金融风险的产生都会受到诸多因素的影响，因此，实施相关防范措施过程中会呈现突出的复杂性特点，同时防范结果也具有较为鲜明的特殊性特征。

三、防范物流金融风险与完善法律制度的策略

物流金融在运行过程中，经常会涉及到物权转移以及资金流动等活动，这些活动主要集中在借款企业、物流企业以及银行等金融机构主体之间，清楚地了解物流金融所涉及的法律，并能够准确运用这些法律来明确相关责任。能够合理地避免相关的风险是物流金融在应用过程中的重要环节。但实际上，由于物流金融业务在我国还属于比较新兴的商业模式，而且属于资产支持型融资业务，即企业用自身的应收账款或存货作为担保，所以有关信贷人权利的保护以及动产担保物权将在一定程度上影响金融机构开展此项业务。

随着我国经济体制改革的不断深入，只有相关立法工作得到有效落实与不断完善，才能够为物流金融风险防范与法律制度优化工作的开展提供有力保障。而就实践落实来讲，其关键就在于要真正落实统筹规划、科学立法的思维。同时，要统一发展物流金融风险防范监管思想，并在科学、严谨的角度落实相关风险防范工作的前提下，不断加强有关信息的共享与流动。此外，对于仓单质押人、投资者的利益也要给予充分保护，并以此来对物流金融涉及到的法规工作提供科学指导，持之以恒地加强物流金融法律关系方面的研究工作，而且只有相关法律制度得到不断优化，才能有

助于增强物流金融风险的防范效果。建立健全物流金融企业员工行为监管制度在我国物流金融企业发挥着重要的保障作用，这就要求企业员工应具有积极向上的价值取向，并且要在工作中树立正确的工作态度。对于员工在实际工作中出现的不同程度的违规行为，应结合相关法律条例给予严格处理。同时还应利用相关法律、法规规范企业员工的行为，尽可能地降低物流金融风险。

就实践落实措施来讲，应不断加强各种现代化技术的高效运用，不断完善现代化工具平台，进一步加强建设运行制度体系的相关工作。同时在构建运行机制体系过程中，应注重目标规划、体系建设间的统筹兼顾，进而充分体现出物流金融风险管理平台的科学性、有效性。此外，对于较为重要的风险指标库以及风险模型库方面的构建作用，也要给予足够的重视，而且要不断加强关键风险、数据系统流程方面梳理工作的落实。

物流金融行业在经营发展过程中，应结合市场发展情况，对企业的发展战略做出及时、有效的调整，正确认识到服务应用在客户资源、资金管理方面的科学合理性。另外，还要注重良好客户发展资源的积累，结合客户的实际需求，设计出具有针对性的物流金融产品。这些措施的实施不论是对于增强企业风险防范能力，还是相关法律制度的完善方面，都具有重要意义。

四、强化相关部门的物流金融立法地位

为了对物流金融风险进行更好地防范，应充分重视相关法律知识与物流金融发展有机整合，将保护仓单质押人、债权人的利益放在首位，并尽可能地保护投资者的知情权。在以物流金融活动为主体认真落实相关培训工作的同时，还要为物流金融行业的健康、稳定发展提供有力保障，不断加大对全社会自律、纪律意识的培养工作以及对商业银行、上市公司法人治理结构方面各项工作的重视程度。

只有采取多方面的措施，才能为良好地防范金融风险提供有力保障，建立健康的法律体系。总之，影响物流金融行业健康、稳定发展的风险有

很多种，各企业要想取得理想的风险防范效果，就必须重视相关防范措施与法律制度的创新探索与完善，构建出健康、和谐的金融市场环境。应正确认识到，要想促进市场化经济的健康、稳定发展，就必须加强物流金融行业风险防范措施探究，不断完善相关法律制度。

第二节　物流金融创新条件下的金融风险管理对策

经济全球化的发展使得世界范围内的物流金融市场保持着密切的联系，一个地区或一个国家的物流金融风险都可能对全世界的经济、物流金融市场造成一定的影响。目前来看，随着我国经济的不断发展，物流金融市场逐渐趋于成熟。

一、新时期物流金融创新活动的特点

在我国经济不断发展的同时，人们的生活水平得到了很大的提升，投资观念也发生了很大的变化。传统的方式已经不能满足人们的需求，倾向于寻找高收益的投资方式，导致金融机构不断拓展新的产品创新（资产管理业务、信托管理业务参与物流金融产品的质押），以此来提升自身的竞争力，以期在竞争激烈的市场中站稳脚跟。

（一）物流金融机构同质化

对于我国的一些物流金融机构来说，很多机构原本都存在一些业务界限，但是近年来在金融行业不断创新的衍生化发展下，各个参与物流金融创新供应链中的企业和金融机构所推出的涉及物流金融产品界限逐渐淡化，很多行业之间的业务都出现了重叠的状况，使得各种业务都向着综合化方向发展，从而增加了各个物流金融机构之间的竞争性。

（二）物流金融创新要具有独特性

目前我国的物流金融创新比较活跃，但是由于物流金融机构纷繁复杂，物流金融产品复杂多样，各个机构之间的产品大同小异，导致在市场

上存在着大量的同质化产品。各个物流金融产品缺乏深度和广度的发展，各个物流金融机构要研发具有独特特点的物流金融产品，增加物流金融产品的竞争力。

二、物流金融创新条件下的金融风险

首先，物流金融资产在一定程度上导致资产证券化，加剧物流金融业务在实体资本外衍生出的金融风险。我国的物流金融发生了很大程度上的创新，证券化有效提升了资产的流动性，并且提升了物流金融产品的标准化，也在一定程度上防范了金融风险。但是目前来看，资产证券化也存在一些问题，其证券化主要是一些比较好的可担保的资产，能够通过时间差来进行不良资产的置换。

其次，物流金融创新增加了金融行业的经营风险。对于金融创新来说，将会导致金融产品同质化，提升金融机构之间的竞争能力，缩小到期收益的利差，激烈的竞争使得各个金融机构不得不从事高风险的金融业务，金融机构信用等级下降，增加金融机构经营风险。随着经济全球化的不断发展，庞大的农产品及衍生工具形成物流金融的复合衍生品，外资大量涌入影响被涌入国的农业期货、期权和银行的流动性。物流金融创新也导致一些金融风险甚至会影响全球的资本市场，不仅影响着全球经济的稳定性，也加大了物流金融体系的脆弱性。

最后，物流金融创新影响投机市场，加大了风险的破坏性。物流金融创新为金融市场提供了运输、仓储商品金融安全的工具，但是也存在大量的投机行为。避险者可以通过投机者将风险转移。高流动性的衍生产品市场具有一定的杠杆作用，对金融市场具有一定的破坏性和波动性，所以一旦出现投机失败的情况，不仅不能避险，还将严重冲击和破坏物流金融市场。

通过对物流金融创新与物流金融风险管理的衔接分析发现，物流金融创新有可能带来新的金融风险。在物流金融市场中，为了消除或预防各种风险，往往需要进行有效的风险管理，分析引发风险的因素，评价风险的大小以及可能性。但是金融行业本身就可能产生高风险的行业，人们为了获得高

收益往往愿意冒很大的风险。在物流金融证券化市场中，有的能获益，有的可能会损失，各种损失和收益在总量上并没有变化。不断的物流金融创新不仅降低了物流金融产品微观方面的风险，也将风险转移到风险偏好者身上。

风险管理和风险创新不断博弈。风险管理和风险创新之间不断相互促进，随着物流金融市场的不断发展，增加了各种风险的因素，这就需要借助风险管理来维护物流金融市场的安全和稳定。目前来看，很多物流企业与金融机构都不断推出新的物流金融产品，以此来规避监管，同时物流金融监管也在随着物流金融的创新而不断完善，促使物流金融机构不断进行物流金融产品创新。

通过对提高物流金融风险管理水平推进物流金融创新的对策进行分析发现，应该加强物流金融创新的内部自我管理。物流金融创新衍生工具对整个物流金融市场的影响是巨大的，物流金融主体难以估计在危机爆发时产生的影响。在实施物流金融创新的时候，必须要做好对物流金融风险的有效预估，从而将风险意识直接融入相关物流金融创新，并且在进行物流金融创新的同时，结合实际情况，制订出一个可续合理的措施，做好对物流金融风险的防范工作，并且采取有效的措施对物流金融风险加以控制和防范。物流金融机构在业务以及物流金融产品创新时，要充分根据市场情况进行调查和分析，严格遵循市场的发展规律，促进物流金融市场的有序发展。

规范物流金融市场秩序，加强市场约束。物流金融机构在物流金融市场中的发展，必须由政府来进行监管。在我国市场经济体制不断发展和完善的过程中，政府必须对各个参与者进行监督。对于物流金融市场，必须规范自身的市场顺序，这样才能有效加强对物流金融债券的管理，增强市场主体的风险意识、市场信用以及一些信用意识，从而充分发挥市场的监管作用。做好物流金融市场的管理以及监控，能够在根本上加强对物流金融风险的防范，同时也能够强化对各项风险的有效管理。

改善物流金融监管，增强监管力度。证券、保险和信托等金融主体的出现，打破了传统的以银行为主体的参与物流金融市场的业务单一性，并且随着物流金融市场的不断发展，物流金融机构也在不断发生着变化。在物流金融创新条件下的物流金融风险管理，不仅要改善管理理念，还要改善管理方式和措施。物流金融监管不仅要保护物流金融机构的运行，还要做好对物流金融机构运行的合法维护，对整个物流金融体系的有效监管，以及对物流金融创新管理工作。

我国的物流金融机构，要不断推行物流金融创新，丰富我国物流金融市场的产品，活跃我国的物流金融市场。同时要做好相关的物流金融风险管理，以此来提升对物流金融风险的抵御能力，保证物流金融市场的动力与活力，不断提升物流金融产品的综合实力和竞争力。

第三节 物流金融创新科技风险审计的必要性

物流金融业是我国国民经济结构中的重要组成部分，对促进我国国民经济发展有巨大的推动作用。因此，保障物流金融业的快速可持续发展，提高物流金融业的经济发展效益，是发展我国经济的重要保障。在信息化和科技化的催化下，物流金融业科技风险不断累积和增加，必须充分发挥科技风险审计在控制物流金融科技风险中的作用。

物流供应链相关各方应建立以数据连接为纽带、以数据驱动为核心的生态圈。物流金融解决方案绝不仅仅是金融机构的事情，还需要政府、企业、银行等共同努力，打造一个服务物流行业的，高效、安全、智慧、绿色的，多方共赢的物流金融生态圈，形成"科技+金融"共同赋能物流行业的合力。金融机构应以金融科技为主线，通过区块链、大数据、云计算、人工智能等技术，在物流领域更好地发现和搭建场景，对接融入场景，为场景服务，创新物流金融服务模式，在交易平台业务、资金支付清算、现金管理、综合融资及国际业务等全链条，与物流企业展开金融合作，共同打造"大数据物流业+金融"的示范样板。

一、科技风险及科技风险审计的基本理论

近年来，随着信息科技在物流金融行业的应用范围不断扩大，信息技

术成果为物流金融业行业带来发展的同时，科技风险也在不断加剧。

按照不同的分类标准，物流金融科技风险可以分为IT环境风险，包括物理风险、合规性风险、外包风险等；IT运行风险，包括网络欺诈风险、误操作风险和系统中断风险等基于IT的物流金融产品风险。按照风险产生的原因及与其他风险的相关性，物流金融科技风险分为直接风险和间接风险。直接风险包括技术风险（网络、系统、设备、安全）和非技术风险（自然灾害、人为破坏、误操作、环境等）。间接风险包括传统业务风险和隐性风险。按照产生的后果，物流金融科技风险分为信息安全风险、外包风险、业务连续性风险等。

物流金融业科技风险审计是指由开展物流金融业务的企业内部的信息科技审计部门，其对全行业范围内信息系统生命周期中的资产保护、资源经济利用、数据完整和完成组织目标的情况，通过采用应用控制和一般控制等审计方式开展综合的检查和评价，为企业的领导和信息科技部门提出咨询意见。随着我国各种银行数据数量的不断增加，银行各种技术风险也不断集中，因此，如何掌握金融机构数据的稳定性、可靠性和高效性，是物流金融科技风险审计的一大挑战。同时，电子银行客户服务变革和技术创新的速度不断加快，使得开展物流金融业务的企业新业务和新技术推出的周期大大缩短，在这些新业务、新技术推出之前是否有合理的风险分析、安全检查和战略评估亦是一大挑战。

二、物流金融业科技风险审计的必要性

科技风险作为物流金融操作风险的一个重要分支，对物流金融业的发展作用日益突出。科技风险审计是物流金融业日常工作中的重要内容之一和确保物流金融业系统正常运行的主要手段。因此，在物流金融业的发展中，强化科学风险审计是十分必要的。

首先，科技风险审计满足了物流金融业信息系统高效运行的需求。随着计算机技术在物流金融行业中的广泛应用，传统的手工记账方式已经无法满足物流金融业的发展需求，而计算机技术的运用，促进了物流金融系

统的信息化发展。与传统的物流金融运行方式相比，信息化系统虽然具有不可比拟的优势，但是系统本身的复杂性和管理节点的复杂性使得物流金融信息化系统的科技风险日益突出，影响了物流金融系统的正常运行和物流金融业的健康发展。因此，为了降低物流金融业中的科技风险，满足物流金融业信息系统高效运行的需求，促进物流金融业的可持续发展，必须积极开展科技风险审计工作。

其次，科技风险审计提高了物流金融业的整体效益。科技风险作为操作风险的一种，对物流金融业的经济效益和社会效益有重要影响。科技风险主要在物流金融机构开展供应链和渠道链的数据业务工作中形成，而开展物流金融业务的机构直接关乎物流行业和金融企业的经济效益。一旦因科技风险而造成业务流失，将会大大降低企业的经济效益，损坏企业形象，影响物流金融企业的社会效益。可见，做好科技风险审计工作是提高物流金融业整体效益的必要手段。同时，在物流和行业金融业中做好科技风险审计工作，加强对物流行业和金融业经营管理过程的监督力度，有利于控制物流行业与金融业的整个管理体系，提高物流金融业务的经济效益和社会效益。

再次，科技风险审计降低了物流金融业的经营管理风险。科技风险审计是科技风险管理的基本组成部分，是做好科技风险管理的重要前提。物流金融业的健康、可持续发展，归根结底是要靠"物流+金融"的大数据和链条化来管理的有效性。物流金融业务管理风险严重降低了物流金融管理的工作有效性，影响了物流金融业的发展。加之物流金融业信息化系统在运行中本身就存在一定的风险和漏洞，因此必须积极开展科技风险审计工作才能降低物流行业与金融企业信息系统风险，保障物流金融业的有效运行。

最后，科技风险审计促进了物流金融行业的健康、可持续发展。在物流金融行业的发展中开展科技风险审计，能有效促进物流金融行业健康、可持续发展，提高物流金融行业的整体质量。科技风险审计是促进物流金融行业健康，可持续发展的重要措施。物流企业和金融企业进行的科技风险审计，能提高内部职工对信息安全的认知度，提高职工的安全技术水平。此外，通过开展科技风险审计，能及时发现信息系统中存在的或潜在的安全隐患，并及时采取相应的解决措施。

三、强化物流金融业科技风险审计的有效策略

第一，设计有效科学的科技风险审计方案。物流金融科技风险审计的有效方案设计可以从以下六个方面着手：审计立项、审计策划、现场审计、审计报告、审计跟踪、项目评价。审计立项是指有物流金融行业相关审计机构根据年度的审计项目、计划和债权人临时增加的审计项目提出项目，再由当地政府审计部门决定是否立项，审计机构在确定审计项目时要明确审计的对象、目标、时间和具体的审计事项。审计策划包括成立专业审计组、收集资料、了解内部控制、审计培训和通知。现场审计包括开始会议、初步评估、符合性测试、实质性测试、审计发现、审计评级和结束会议。现场审计一般是在业务部门现场对业务部门的内部控制系统进行记录，对业务部门管理层执行的控制进行评价。审计报告包括起草审计报告、举行推行会谈、审定审计报告、宣布审计结果。审计跟踪包括审计跟踪、评估剩余、风险和报告跟踪。当项目报告通过并发表后，审计组组长要组织审计人员对审计效果、审计效率的运用实施审计评价。

第二，强化科技风险管理，建立科技风险评估机制。物流企业与金融企业要不断加强科技风险管理，在借助科技获得经济利益的同时，重视因科技引发的风险。明确自身的责任，调整好自身的行为规则和战略计划。要谨慎开发高科技产品，与科技风险相关的信息要透明公开，强化内部审计监督。同时，面对现代科技带来的物流供应链与金融渠道链的科技风险，物流企业与金融企业必须构建健全的科技风险评估机制。对已经产生的风险或者潜在风险进行科学、完整的评估，以便能及时准确地找出控制风险的措施，提高科技风险审计质量。

总之，在物流金融业务发展中必须坚持开展科技风险审计工作。积极开展科技风险审计是符合物流金融业务发展需求的，是在信息技术快速发展下的必然趋势，能有效降低物流企业与金融企业的科技风险和物流金融业务开展中的风险，促进物流企业和金融企业的健康、可持续发展。

值得注意的是，在对科技与金融结合形成轻量化金融工具的审计中，要关注收益法中参数选取的问题。例如，当物流、仓储中的粮食产品被金融证

券化后，多用于商品证券的仓单质押等行为。结合科技金融信息化的交易特点，其作为商品证券，在金融市场的估值有不同历史经验的变化。成本法、市场法和收益法是国际通行的资产评估三大方法。随着我国金融创新活动中金融科技的兴起，以及新技术融合资产交易的日益活跃，无形资产评估和企业价值评估求的增长，收益法也越来越被人们认可并运用于实践，社会各界也开始关注收益法在评估过程中的应用。

第四节　地方金融监管与物流金融

物流金融与区域经济的协调发展离不开银行的监管服务。监管服务业是物流金融为企业提供的重要服务，但我国银行的监管市场还存在以下问题。首先，传统银行的监管服务体系覆盖范围不广，存在真空地带，被保险的货物或人的利益不能得到充分保障；其次，银行的监管服务发展比较滞后，针对物流金融开展的监管服务还不够完备，并且开展的监管服务业不是很理想。所以，银行等金融机构应该强化监管服务的创新服务新意，在新的服务模式上寻找新的经济增长点，延伸自身服务；再次，重硬件设施设备的建设，保证能随时随地提供最优的服务，提高员工的整体素质，建立反馈系统；最后，提供个性化的服务，适应物流金融与区域经济协同发展的需要。

在国民经济飞速发展背景下，为了有效避免金融市场的一些弊端，必须对一些总体、局部等经济金融危机做出有效防范，在制定、完善金融管理制度过程中，给金融监管足够重视。制度合理发展过程中，会逐渐产生以监管制度为基础的激励制度，但在具体实施过程中却极易产生各种冲突。因此，促进金融市场的健康发展，以及金融监管制度的有效落实，就必须要加强对相关激励冲突的调整。

一、金融监管现状分析

首先，金融监管法律体系与新业务发展不匹配。我国还处于社会主义初级阶段，不仅市场经济有待完善，相关法律制度也有待完善，针对金融监管还未建立起与不断创新的金融创新业务相匹配并完善的管理体系。在这种背景下，在金融市场交易过程中，常常会出现交易双方或者是一方的利益无法得到有效保障的情况。因此，为了充分体现市场经济竞争的公平性，就必须结合金融市场的具体发展情况，以及金融监管过程中的实际需求，出台科学、完善、适应性较强的相关法律。

其次，金融监管缺乏有效的内容与手段。现阶段，吉林省虽然颁布了很多与金融监管相关的法规，但是对于金融监管的具体内容、手段方面却未作出明确的规定，也未建立起完善的金融监管组织体系，使得金融交易中的各种风险无法得到有效防控。而且没有完善的金融监管法律体系，以及合适的相关法律提供有力保障，金融交易过程中也会由于频频出现金融风险，给投资者带来一定损失，导致金融投资者的利益无法得到有效维护。

最后，全民监管金融体系理念有待提升。由于吉林省对物流金融的监管还处于早期发展阶段，社会各层面给予的监管支持还有待加强，大部分民众都没有形成正确的金融监管理念与思想。因此，在开展各项金融监管工作中，不仅要注重社会审计的不断加强，对于法律舆论体系的建立和完善也要给予足够重视，进而形成科学、全面系统的金融监管体系，为我国的金融投资者营造出健康、稳定的投资环境，在充分保障投资者权益的基础上，使得金融市场真正得到健康、完善的发展环境。

二、金融监管中的激励冲突

在金融制度合理发展过程中，会逐渐在其监管制度下形成相应的激励相融制度，但这种制度在具体实施中极易产生各种冲突，因此，如何应对这些冲突产生，逐渐成为金融监管过程中需要给予重点关注的内容。在金融监管过程中，可能产生的冲突体现在以下两个方面。

一是监管部门与社会公众之间的冲突。这二者的冲突主要是由于社会公众常常在信息堆成的情况下，利用强制合同来督促监管部门与之形成相同的目标，其中主要涉及到社会福利、效用等方面的目标。因此，如何有效改善监管部门与社会公众之间的冲突至关重要。

二是监管部门与金融机构之间的冲突。随着经济全球化的到来，很多发达国家实施的风险监管模式都是以资本充足率为主的。但就吉林省目前的金融监管现状来看，地方金融业务的监管部门主要对金融机构实施的监管方式有结构性、功能性监管两种。

三、调整金融监管冲突的政策

金融监管所产生的激励冲突，会对社会经济产生多方面的负面影响，如促使社会福利逐步流失，影响吉林省金融市场的稳步、健康发展。所以，必须加强对各类冲突的有效、科学调整，把形成金融机构之间的激烈相容机制以及合理科学的监管部门、社会公众作为目标，逐渐减少监管成本方面的资金投入，在确保金融体系发展的前提下，逐步增加社会福利。如此，就需要制定、设计出合适的制度和合同安排，构建公开透明的金融设计、监管，有效地避免各方面的激励冲突。主要可从以下两方面入手：

第一，加强透明化的金融监管建设。在金融监管过程中，很多激励冲突产生的原因是监管中相关信息的不对称，所以，解决冲突的首要条件就是增强监管透明度。为了使相容制度实施中的冲突能够得到有效减少，监管部门与相关金融机构应将相关数据资料、信息客观、公正地披露给社会公众，最大限度地增强信息的对称程度。此外，在相关数据、信息披露立法方面，国家也应该给予足够重视，制定出完善的执行制度。

第二，做好激励相容制度的科学安排。一方面，为了使信息不对称问题得到科学有效的解决或是降低，监管部门就必须先明确自身应承担的责任，并构建出能够将监管绩效客观、准确、全面地反映出来的评价体系。对目前监管部门的收入分配模式进行不断完善，并将相关工作人员的收入与工作绩效相挂钩，加强绩效工资制度的实施。另一方面，对于金融监管的合理服从，金融机构应具备相应条件，一是该机构必须自负盈亏，也就是各种经营后果由自己来承担。二是其金融机构的内部风险管理指标水平，应尽可能做到与监管部门设定的相关指标水平保持一致性。

　　总之，相关金融业的监管部门、地方财政部门应正确认识到加强对金融监管中激励冲突的探究与调整，对构建健康金融市场、促进社会经济可持续发展的重要性，加强透明金融监管制度建设，并通过合理引入市场化机制，做出科学安排来减少激励冲突的产生，促进金融市场的健康、稳定发展。

第五节　绿色供应链与地方监管

　　现如今，绿色的粮食供应链管理日益成为供应链管理的新趋势。良好的粮农企业绿色供应链管理可以提高企业的竞争力，增强环保意识，促进经济和环境协调发展，对物流金融业务中涉农的基础产品质押融资等方面都具有重要的现实意义。

　　传统的粮食产品分类是根据人类可直接食用的特点，将粮食产品分为谷物产品、豆类产品和薯类产品。谷物产品主要包括稻谷、小麦、玉米、大麦、高粱等。豆类产品主要包括大豆、豌豆、绿豆等。薯类产品主要包括甘薯、马铃薯、木薯、芋等。粮食产品在人们的生活中占绝对重要的位置，它不仅可以供人们食用，解决人们的温饱问题，而且还是食品加工业、饲料加工业的重要原料，有着比其他农产品更为重要的战略意义。从生产方面看，粮食产品属于大田作物，便于大面积耕作，生产成本较低，产能较高，生产与物流可实现规模效益。从消费上看，粮食产品属于生活必需品，食用效能较高，需求弹性较小，消费数量比较大。从产品特点上看，粮食产品相对于其他农产品来说，生化性能较好，方便储存和运输，浪费较少，相对的物流效用成本较低。从粮食运输方面来看，散粮运输的自动化水平还比较低，运输装备配套问题较为突出。目前，我国粮食的散装运输比例只占10%。从粮食储存看，我国已初步形成了以产粮区收纳库连接交通沿线中转库、销售地区供应库，以港口集散库连接供应库、储备库，遍布城乡、纵横交错的粮食储运网络。但由于库房陈旧，仓容严重不足，布局不合理，机械化、现代化水平不高，仓储管理落后等问题依然存在。粮农企业绿色供应链从产品原料的获取到加工、包装、存储、运输、使用到报废的整个处理过程都注重对环境的保护，促进了经济与环境的协调发展，从而受到企业的欢迎。从可持续发展的角度来看，企业在面临外部环境和市场竞争的双重制约下，构建绿色供应链管理是企业生存和发展的必然选择。

一、绿色供应链管理存在的问题

（一）供应链上的粮农企业之间关系不稳，存在利益冲突

在一定时期内共担风险、共享信息、共同获利的协议关系，可以理解为设计粮农企业供应链成员、粮农业务开展的金融机构之间的合作伙伴关系，建立这一关系的基础是信任和协作。然而，在建立供应链整体利益最大化的协调过程中，粮农企业就分担实施绿色供应链所产生的成本问题时往往产生冲突。粮农企业之间达成契约的过程是一个讨价还价的过程，每个粮农企业都以自身利益的最大化为出发点，任何一方都只愿意享受实施绿色供应链带来的收益，而不愿承担相应的运行成本。因此，要克服由实施绿色供应链管理带来的双重边际效应问题，使整个绿色供应链管理可以快速有效运转。

（二）消费者的环保意识差

从整体来看，全民的消费意识仍旧比较淡薄。大部分消费者不仅没有考虑到绿色消费对可持续发展的重要性，也没有形成绿色消费观念。另外，绿色消费品的价格相对较高，在一定程度上决定了绿色产品市场的有限性。吉林省粮农企业对绿色管理意识比较薄弱，供应链上的各种物流活动引起的环境污染问题十分突出。政府部门应该加大宣传力度，使绿色生态和可持续发展的观念深入人心。尤其是粮农企业的政策制定者和领导者，应充分了解和借鉴国内外实施绿色供应链管理的成功案例，制订符合自己粮农企业运转的绿色供应链管理计划。

（三）粮农企业成本的提高

虽然从长期发展的利益出发，构建绿色供应链应该得到粮农企业的重视和社会的大力支持，进而在国际贸易中有效地规避绿色壁垒，提高自身的竞争力。然而，从短期的实施过程中，重建绿色供应链粮农企业从选购材料、产品设计、生产工艺等都方面需要重新建立，使粮农企业的生产经营成本大幅度提高。而粮农企业的本质属性是追求利益的最大化，粮农企业在面临重建绿色供应链和与其他粮农企业之间的竞争时，往往采取规避的态度。

（四）重建绿色供应链需要更高的技术

实施绿色供应链模式要求往往较高，设计、采购、生产、包装等所有环节都要求有更高的技术，大大增加了绿色供应链实施的难度。绿色供应链在我国是一个比较新鲜的领域，绿色管理意识产生得比较晚，人才储备也比较匮乏，许多粮农企业对绿色供应链还不能给出明确的衡量标准，即使产生了建立绿色供应链的想法，也往往由于技术上的限制、实施过程中的复杂性而导致结果不明显，粮农企业不能及时有效地享受到建立绿色供应链给粮农企业带来的技术价值和经济效益。

二、吉林省实施粮农物流金融在绿色供应链管理的建议和措施

（一）提高绿色供应链管理意识

首先，应以绿色供应链管理作为出发点，同时充分考虑粮农企业的经济利益，粮农企业的高层领导应通过不断地完善相关政策，将公司的发展转移到绿色供应链管理上来。绿色供应链要求粮农企业从经济的长远利益出发，着眼于粮农企业的长久发展，并以此为出发点，制定相应的政策来使全体员工增强环保意识。其次，绿色供应链管理还应该加强粮农企业各部门之间的协调作用，而不仅仅是实现单一业务的利润最大化。绿色供应链是一条优化了的环境价值链，各个部门应该重视绿色供应链在本部门的价值，从而确保整体利益最大化，也保证本部门的利益最大化。最后，还应该加强全体员工的绿色供应链认识，将绿色概念融入粮农企业的文化当

中，树立粮农企业的绿色形象和品牌，将公司的经济目标和社会目标与供应链中的利益相联系，让绿色发展不断延伸到粮农企业的各个方面。

农产品物流金融由于其自身的相关特殊属性，而与工业物流金融及商贸流通下的物流金融有着很大的区别。大现代农产品物流金融作为农产品物流发展的中间业务，具有丰富的内涵、显著的特征和积极的作用。现代农产品物流金融指金融机构（银行业）在面向现代农产品物流业的运营过程中，通过应用和开发各种绿色金融产品，抑制农产品物流对环境造成危害，实现农产品物流环境净化和物流的资源最充分利用，不仅具有经济价值，还具有社会价值和生态环境价值。

（二）完善法律法规体系

吉林省的环境保护法规仍然存在着许多问题。一部分粮农企业为了节约成本一味追求眼前利益，这就需要相应的法律法规来治理，政府部门应该引导粮农企业积极实施绿色供应链管理系统，一方面，通过宣传使粮农企业更加充分地了解到绿色供应链的管理模式和业务流程。另一方面，通过制定相关的环境保护政策，使粮农企业采取相应的措施保护环境，加强粮农企业对可持续发展战略的认识，增强环境保护意识，进而逐渐引导粮农企业向绿色供应链管理方向发展。

（三）制定绿色供应链的发展规划

实施绿色供应链管理是粮农企业的发展方向。吉林省具备一定实力的粮农企业要主动迎接这一挑战，将实施绿色供应链管理作为在物流供应链平台创新和金融服务及监管的融合，是粮农企业发展的一个良好机遇。粮农企业要站在可持续发展的角度，认真借鉴国内外绿色供应链的经验和理论，根据粮农企业自身的实际情况，制订适合粮农企业发展的发展战略。

只有实现农产品物流对环境的净化及其物流资源的最充分利用，才能架起经济系统和生态系统彼此联系的"桥梁"，才能提高现代农产品物流金融发展的经济效益、社会效益和生态环境效益。因此，发展现代农产品物流金融，开发农产品物流金融产品，整合现代农产品物流金融运作模式，加强现代农产品物流金融组织形式及"土地金融"制度创新，不仅有利于吉林省现代农产品物流绿色化及生态环境的可持续发展，还对进一步统筹城乡发展，建立"两型"社会，推进社会主义新农村建设，发展农村经济，具有重要的现实意义。

三、农产品物流金融的运作模式

（一）农产品物流银行

农产品金融机构以市场畅销、价格波动小且符合质押品要求的现代农产品物流产品质押为授信条件，运用有较强实力的绿色信息管理系统，将农产品金融机构的资金流和绿色物流企业的物流有机结合，向中小农产品绿色物流企业客户提供绿色"融资、结算、分散风险"等服务业务，其主要业务模式为农产品物流的质押模式和担保模式，这两种基本模式引用了以农产品物流动产质押，通过"绿色物流银行"融资在农产品绿色仓储时就能变现，盘活农产品物流企业的动产，解决中小农产品绿色物流企业绿色融资"瓶颈"。因此，吉林省现代农村"土地银行"作为一种创新的农产品物流金融运作模式，不仅扩大了现代农产品金融机构的中间业务，更重要的是解决了困扰吉林省现代中小农产品绿色物流企业的融资问题，这无疑有利于现代农产品物流金融的发展。

（二）农产品融通仓

拓展现代农产品"绿色融通仓"，提升为客户（消费者）进行绿色服务的质量，提高农产品绿色物流经营效率，减少农产品物流运营资本，拓宽现代农产品物流服务内容，优化现代农产品物流绿色资源使用，并协调多方绿色经营行为。因此，现代农产品融通仓的拓展，能提升现代农产品物流供应链金融的整体绩效，增强整个农产品物流供应链的竞争力。

（三）农产品供应链金融

在现代农产品物流供应链活动中，绿色金融机构灵活地运用现代农村"土地银行"绿色物流供应链金融产品及服务，将现代农产品物流金融的核心企业和上下游企业联系在一起，使现代农产品物流产生价值增值。现代农产品物流供应链金融涉及的主体包括地方政府、客户（消费者）、物流企业（公司）和金融机构（银行）。地方政府作为追求社会发展（效益最大化）

的土地所有者，其正确引导和宏观政策的支持作用是非常重要的。客户（消费者）包括农产品物流核心企业及与其构成供应链联盟的上下游企业和最终用户（消费者），都在"绿色物流供应链金融"模式下。农产品物流企业（公司）发挥农产品运输、仓储、质量监管等方面的专长。现代农村"土地银行"绿色金融机构基于农产品物流企业控制货权，进行农产品物流与绿色资金流封闭运作，给予农产品物流中小企业绿色授信融资支持，形成了互利互补的现代农产品物流金融平台，使地方政府、客户、农产品物流企业及绿色金融机构在多方合作博弈中"共赢"，使数百家农产品物流企业分享到现代农产品物流金融平台的融资便利与物流增值。

四、具体的政策制定与支持

（一）加大绿色信贷投放力度

1. 完善绿色信贷管理机制

引导银行业金融机构将绿色金融纳入长期发展战略规划，鼓励银行业金融机构积极拓展绿色信贷业务。支持有条件的银行业金融机构设立绿色金融事业部、绿色分行或绿色支行等绿色金融专营机构，积极开展绿色信贷业务，提供有特色、专业化的绿色金融服务。支持银行业金融机构，创新基于知识产权、用能权、排污权、碳排放权、节能收益、合同能源管理未来收益权、特许经营权/收益权等抵质押品的绿色信贷产品，拓展绿色企业和项目抵质押品范围，降低绿色企业和项目获得银行贷款的难度。开展绿色信贷资产证券化业务，盘活存量绿色信贷资源。鼓励银行业金融机构创新绿色理财产品、碳项目收益债等投行类产品，清洁发展机制融资综合解决方案等新产品，为绿色企业和项目提供金融服务。

2. 建立绿色项目信用信息共享机制

将环境和社会风险管理纳入信贷管理体系。一是对涉及落后产能项目、节能环保不达标、安全生产不达标、严重污染环境且整改无望的企业，拒绝提供任何形式的新增授信支持，坚决压缩退出存量贷款。二是积极开展企业环境信用评价，将企业环境违法违规行为相关信息在"信用中国（吉林）"网站上公示。探索将企业环境违法违规信息纳入金融信用信息基础数据库，构建集绿色信用服务、绿色金融服务等为一体的金融云平台，实现金融管理部门、金融机构与相关部门之间的信用信息互通共享，为银行机构及时、准确查询企业环境和社会风险信息提供便利。三是对金融机构向绿色项目库中的优质项目发放贷款或发行债券等投融资行为，予以奖励、补贴或风险补偿。研究完善绿色信贷贴息政策，对符合条件的绿色信贷进行适当贴息。支持商业银行对生态环保项目贷款执行较低利率，鼓励政策性银行降低准入门槛，开展贴息贷款服务。

3. 加强线上线下银企对接

根据绿色发展领域融资需求，利用省内融资服务线上线下一体化融资平台，积极向银行推荐绿色项目和企业，与银行机构建立长期合作机制，鼓励银行机构向大型绿色项目提供中长期贷款支持。鼓励开发性金融机构、政策性银行与商业银行开展银团合作，对重大绿色项目提供信贷资金支持。

（二）推动发展绿色直接融资

1. 加强绿色项目库建设

搭建绿色项目建设投融资信息共享平台，及时、准确地披露项目和企业相关信息，有针对性地为入库项目提供绿色信贷支持、基金支持和融资对接服务。支持符合条件的绿色企业上市融资。充实省级拟上市挂牌企业后备资源库，支持和鼓励绿色环保企业入库。支持符合环保、节能、清洁能源等条件的绿色企业上市融资。鼓励已上市的绿色企业开展并购重组，通过增发、配股、发行债券等方式进行再融资。充分发挥区域性股权市场作用，支持吉林股权交易所设立绿色板块，探索发行绿色可转债。支持银行业以及其他各类金融机构与相关企业发行绿色债券，重点支持节能、污染防治、资源节约与循环利用、清洁交通、清洁能源和生态环保等绿色产业中符合条件的企业发行绿色企业债券、公司债券。支持吉林省企业和金融机构到境外发行绿色债券。探索发行绿色资产支持证券、绿色资产支持票据、绿色非公开定向融资工具等符合国家绿色产业政策的创新产品。合理运用政府债券支持生态环境保护。在债务风险可控的前提下，合理安排各地政府债券限额，用于符合条件的生态环境保护项目，进一步争取扩大专项债券发行规模，对有一定收益的生态环境建设项目，利用专项债券给予重点支持。

2. 充分发挥吉林省产业投资引导基金作用

积极吸引社会资本，设立绿色产业、生态环保等领域的子基金，落实引导基金激励政策，对符合条件的子基金管理人和社会资本进行奖励。通过完善公共服务定价、实施特许经营模式、落实财税和土地政策等措施，鼓励子基金加大对绿色产业领域企业的投资力度，并鼓励引导基金进行跟进投资，支持省内初创期科技型绿色中小型企业发展，促进省内环境污染防治、生态环境保护修复等环保产业发展。

3. 积极争取财政部等相关部委的资金支持

支持垃圾处理、污水处理以及土地、水、大气等生态环境治理项目引入PPP模式，采取合理捆绑打包、上下游联动等方式，建立公共物品性质的绿色服务收费机制。探索将城市绿地建设、生态湖泊治理、矿山修复等生态类项目与符合要求的各种相关高收益项目打捆包装、合理匹配的方式，通过产业项目收入补贴生态环保项目，实现经济效益与环境效益同步提高。

（三）大力发展绿色保险

引导保险业金融机构拓展环境污染责任保险业务，鼓励保险机构对企业开展风险评估，为加强环境风险监督提供支持。继续推动农业保险"增品、提标、扩面"。积极推动保险机构参与养殖业环境污染风险管理，完善农业保险理赔与病死牲畜无害化处理联动机制。鼓励保险机构研发环保技术装备保险、针对低碳环保类消费品的产品质量安全责任保险。

（四）建立绿色融资担保体系

引导融资担保机构为绿色债券提供增信服务，支持绿色债券发行和绿色项目实施。通过专业化绿色担保机制，推动更多的社会资本投资于绿色产业。引导融资担保机构优先向绿色领域配置担保资源，对符合要求的绿色环保项目、绿色创业创新企业和绿色农牧业予以优先支持。鼓励政策性担保机构为企业绿色债券提供担保。

（五）支持绿色金融创新

支持长春市发挥区位、产业、资源、生态优势，以环保科技为主题，申报创建国家绿色金融改革创新试验区，实现节能环保、清洁生产、清洁能源等绿色产业与绿色金融的深度对接。支持其他有意愿、有条件的地区开展相关申报创建工作，成熟一家，申报一家。

针对绿色物流的融资需求，利用绿色信贷、绿色融资租赁、绿色债券，以及碳金融等绿色金融产品，有针对性地为绿色物流发展提供支持。选择部分县（市、区）开展不同类型的环境权益交易试点。探索建立排污权和碳排放权交易管理制度，以及包括用水权、绿色电力证书交易在内的资源开发利用权益管理制度，为环境权益交易及融资活动提供法律支撑。建设绿色产业"数据银行"，为绿色企业提供金融服务，为政府提供污染治理、节能减排、低碳转型等综合投融资服务。

（六）有效防控绿色金融风险

结合推动企业节能减排、防范环境污染和授信政策，加强对与绿色投资相关的金融风险监管，建立健全客户重大环境和社会风险的信息收集机制、内部报告制度、公开披露制度、与利益相关者的沟通互动制度和责任追究制度，严格执行资本市场信息披露制度，有效防范绿色债券的违约风险。加强对绿色信贷的监督指导，将绿色信贷理念、标准、方法贯穿信贷服务的全流程。督促金融机构对绿色信贷项目的资金用途、环境效益、项目进展和经济可持续性定期开展监测和评估，有效防范信贷风险。

（七）强化保障措施

建立联席会议制度，加强沟通交流和信息共享，研究解决推进绿色金融发展过程中遇到的重点难点问题。在现有绿色信贷专项统计的基础上，加强对绿色信贷实施情况的统计监测。依托现有金融统计信息交流机制，扩大统计监测范围，补充完善相关统计指标，将绿色信贷、绿色保险、绿色证券、绿色债券等相关业务数据纳入统计范围，探索建立涵盖银行、保险、证券等业务的绿色金融指标体系和绿色金融统计工作制度。

研究制订绿色金融人才发展战略，坚持内培和外引相结合，与专业机构合作，对现有员工进行专业性培训，并积极引进绿色金融专业人才，尤其是加强特许金融分析师、金融风险管理师等金融高端人才队伍建设，为绿色金融可持续发展提供智力支撑。支持金融机构、科研院所、绿色环保企业共同设立绿色金融新型智库，开展绿色金融战略研究。组织绿色金融论坛，推进绿色金融开放合作交流。

参考文献

［1］邹小芃，唐元琦．物流金融浅析［J］．浙江金融，2004，
（5）：20-21.

［2］刘高勇．网络环境下企业物流与资金流的融合及其模型研究
［J］．情报科学，2004，（3）：381-384.

［3］陈祥锋，朱道立．现代物流金融服务创新——金融物流［J］．
物流技术，2005，（3）：4-6.

［4］徐莉，罗茜，熊侃霞．基于物流信息平台的金融创新——物流银
行［J］．物流技术，2005，（6）：5-7.

［5］王颖琦．物流保险物流金融大潮初起方兴未艾［J］．中国物流
与采购，2005，（2）：14-17.

［6］唐少艺．物流金融实务研究［J］．中国物流与采购，2005，
（2）：18-21.

［7］吴玮．管理塑料价格风险的利器——网上中远期仓单市场书评
［J］．技术经济与管理研究，2006，（4）：74.

［8］冯耕中．物流金融业务创新分析［J］．预测．2007，26
（1）：49-54.

［9］储雪俭．初探物流金融的经济学原理，物流技术，2006，5.

［10］马士华，林勇．供应链管理［M］．北京，机械工业出版社，
2000：33-35.

［11］朱文贵．金融供应链分析与决策［D］．2007.

［12］罗齐，朱道立．第三方物流服务创新融通仓及其运作模式初探
［J］．中国流通经济，2002，（2）：11-14.

［13］郑金波，梅姝娥，仲伟俊．服务于仓单质押的信息系统分析与

实现［J］．物流科技，2003，（6）．

［14］冯耕中，李鹏．库存商品融资业务诊释，现代物流，2005，（1）：45-48．

［15］李媛，徐萍．仓单质押贷款风险管理研究．中国储运，2006（2）．

［16］马佳．供应链金融融资模式分析及风险控制［D］．天津大学．2008．

［17］闫俊宏．供应链金融融资模式及其信用风险管理研究［D］．西北工业大学，2007．

［18］杨绍辉．从商业银行的业务模式看供应链融资服务［J］．物流技术，2005（10），180-182．

［19］闫俊宏，许祥秦．基于供应链金融的中小企业融资模式分析阴，上海金融，2007（2），14-16．

［20］王玉洁．供应链金融保兑仓融资与运作决策［D］．北京交通大学．

［21］冯莹．基于链式融资的保理业务创新初探明．浙江金融．2007（009）：62．

［22］栗媛．物流金融活动风险研究．合作经济与科技．2009．2．

［23］石权．特许经销商融资研究——基于物流金融模式［D］西南财经大学．

［24］陈祥锋，石代伦，朱道立，钟颉．仓储与物流金融服务创新系列讲座之二——融通仓系统结构研究［J］．物流技术．

［25］钱水土．中国农村金融体制三十年改革的回顾与评价．浙江工商大学学报，2009．2．

［26］成思危．中国经济改革与发展研究（第二集）．北京：中国人民大学出版社，2009．9．

［27］高材林．土地收益保证贷款研究［J］．吉林金融研究，2012（12）．

［28］张洪铭．农业供应链金融创新研究［M］．北京：中国金融出版

社，2017．9．

[29] 熊莎．物流企业参与物流金融服务的风险研究［D］．长沙：长沙理工大学，2009．

[30] 中国物流与采购联合会．中国物流发展报告（2008-2009）．北京：中国物资出版社，2009．

[31] 中国物流与采购联合会．中国物流发展报告（2009-2010）．北京：中国物资出版社，2010．

[32] 中国物流与采购联合会．中国物流发展报告（2010-2011）．北京：中国物资出版社，2011．

[33] 中国物流与采购联合会．中国物流发展报告（2020-2021）．北京：中国物资出版社，2021．

[34] 冯耕中等．物流金融创新［M］．北京：科学出版社，2018．

[35] 刘意文等．物流金融实务［M］．长沙：湖南大学出版社，2014．5．

[36] 范静等．粮食主产区农村金融体制创新路径的实证研究［M］．北京：经济日报出版社，2014．4．

[37] 李蔚田等．物流金融［M］．北京：北京大学出版社，2013．7．

[38] 李明飞．物流金融与区域经济的协同发展研究［D］．太原：太原理工大学，2014．

[39] 张贵秋．吉林省农村物流金融发展研究［D］．长春：吉林财经大学，2017．

[40] 李淡．供应链金融的经济影响分析「J］．西南金融，2015（2）：28-30．

[41] 薛锦辉．供应链金融驱动银行新变革「J］．中国外汇，2015（·5）：28-31．

[42] 王军．科技助力物流金融高质量发展「J］．中国金融，2019（16）：96-97．